건강한 삶이 성공한 인생이다

박구부 지음

What is a successful life is a healthy life

이코노믹북스

이 책을
스승을 존경하고 사랑할 줄 아는
모든 제자들에게 바칩니다.

 머리말

나는 경남 진주에 소재한 국립 경상대학교 축산학과에서 40년을 봉직하였습니다. 강산이 바뀌어도 4번이나 바뀔 긴 시간 동안 대학의 강단에서 학생들을 가르쳤으니, 나에게는 수많은 제자들이 있습니다. 그 중에는 사회적으로 큰 성공을 이룬 제자들이 있는 반면, 소박하지만 단란한 가정을 꾸리고 행복하게 사는 제자들도 있습니다. 매년 건강한 모습으로 인사를 하러 오는 제자가 있는 반면, 이미 나보다 먼저 세상을 등진 제자들도 있습니다. 이제 막 대학을 졸업하는 젊은 제자가 있는 반면, 나보다 머리가 더 하얗게 변한 제자들도 있습니다. 그런데 한 가지 분명한 것은 이렇게 많은 제자들이 있었기에 지난 40년 동안 나는 참 행복했다는 것입니다. 그래서 이 책을 썼습니다. 이제 대학에서 정년퇴임을 하면서 수많은 제자들의 고마움에 보답하고자, 그들에게 꼭 해주고 싶은 말들을 정리하여 이 책에 담았습니다.

얼마 전 나는 대학 강단에서의 마지막 수업을 하였습니다. 아직 젊고 어린 학생들을 대상으로 한 나의 마지막 강의 주제는 '건강'이었습니다. 사랑하는 그들에게 꼭 해주고 싶은 말은 아무리 생각해도 '건강해라' 밖에 없었기 때문입니다. '지혜로운 자가 건강을 얻는다.' '건강한 습관을 길러라.' '건강한 성공을 이룩하라.' 등이 나의 마지막 강의 내용이었습니다. 그런데 이렇게 수업시간에 한번 들려주고 끝내기에는 너무 아쉽다는 간절함이 남았습니다. 건강보다 소중한 것은 그 어떤 것도 없다고 한 번 말해주는 것으로는 도무지 성에 차지 않았기 때문입니다. 그래서 이 책을 썼습니다. 사랑하는 제자들이 두고두고 읽으면서 자신의 건강을 챙기고 성공할 수 있도록 한 권의 책으로 만들기로 한 것입니다. 어쩌면 노교수의 노파심이라 할 수도 있겠지만, 나는 이 책이 사랑하는 제자들에 대한 나의 마지막 의무이고 선물이라고 생각합니다.

나는 많이 부족한 스승이라고 생각합니다. 그래서 책을 쓰면서 제자들에게 부끄럽다는 생각도 많이 했습니다. 나도 살아오면서 실천하지 못했던 것을 제자들에게 권하는 내용도 많이 있기 때문입니다. 하지만 원래 부모가 자식에게는 좋은 것만 가르치고 싶은 것처럼 스승도 그렇습니다. 제자들은 자신보다 더 훌륭하게 성공하길 바라는 것이 세상 모든 스승의 마음일 것입니다. 나도 그런 스승들이 몇 분 있었습니다. 빈영호 총장님이나 돌아가신 장판형 교수님이 항상 나의 건강을 염려하고 챙겨주셨을 뿐만 아니라 성공한 교수가 되기 위해 갖추어야 할 덕목들에 대해 많은 가르침을 주셨습니다. 그런 스승들이 계셨다는 것은 분명 행운이고 나의 큰 복이라 생각합니다. 그런 점에서 나도 나의 제자들에게 행운이자 복이었으면 좋겠습니다.

책을 쓰면서 글의 내용을 보다 설득력 있게 설명하기 위하여 나의 가족이나 친구, 그리고 내 주변에 있는 많은 지인들을 거론하였습니다. 실제 살아있는 나의 이야기보다 더 좋은 예는 없다고 생각했기 때문입니다. 이 책에 실명으로 거론된 모든 분들이 그러한 나의 의도를 흔쾌히 이해해주실 것으로 믿습니다. 이 책에 나오는 모든 분들은 지금까지 내가 살아오면서 이런 모습 저런 모습으로 도움을 받았던 분들입니다. 오늘날 건강하고 행복한 내가 있게 한 그 모든 분들께 본 지면을 빌어 감사의 말씀을 드립니다.

이 책이 발간되기까지 많은 분들의 도움을 받았습니다. 특히 이 책을 처음부터 기획하고 준비해준 우리 학과의 주선태 교수에게 고마움을 전합니다. 또한 자료를 수집하고 타이핑해준 경상대학교 식육과학연구실의 서기영 군, 김갑돈 군 및 정우철 조교선생에게 감사드립니다. 뿐만 아니라 이 책이 나오기까지 여러 모로 도와준 우리 학과 학과장인 이정규 교수 외 학과의 모든 교수들께도 감사드립니다. 그리고 마지막으로 매일 전화로 나의 안부를 챙겨주고 있는 며느리 이지현과 평생 나와 함께 하면서 나의 건강을 불철주야로 지켜주고 있는 사랑하는 아내 서정은님께 고마운 마음을 전합니다.

2010년 1월 경상대학교 축산학과를 떠나며
박 구 부

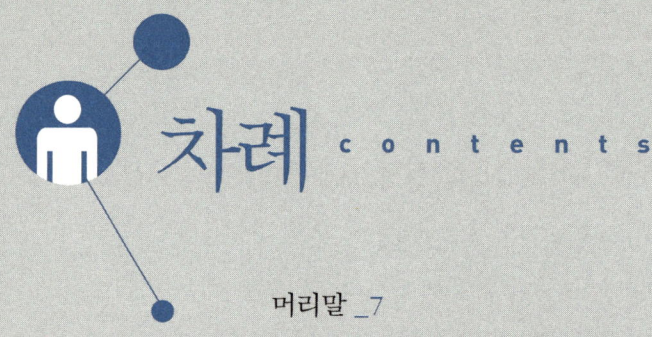

머리말 _7

제1부 건강한 육체

1. 건강이 인생의 전부다 _15
2. 건강형 생활습관으로 바꿔라 _21
3. 식습관이 건강의 절반을 책임진다 _29
4. 육식은 채식을 항상 이긴다 _37
5. 비만만은 절대로 피하라 _46
6. 운동에 이기적인 사람이 되라 _56
7. 나이에 맞는 건강전략을 실행하라 _66

제2부 건강한 정신

8. 마음의 병을 지배하라 _79
9. 정신적 여유를 만들어라 _88
10. 많이 베풀고 감사하라 _98
11. 남의 눈치를 보지 말라 _108
12. 마음껏 웃기고 웃어라 _118
13. 평안한 가정을 만들어라 _128
14. 끝없이 자기를 사랑하라 _140

제3부 건강한 성공

15. 가치 있는 일에 투자하라 _153
16. 시간을 지배하라 _164
17. 좋은 언어습관을 길러라 _175
18. 적극적으로 배려하고 표현하라 _186
19. 끊임없이 공부하고 배워라 _197
20. 다양한 인간관계를 만들어라 _208
21. 좋은 습관을 체화시켜라 _219

1

What is a successful life is a healthy life

건강한 육체

건강이 인생의 전부다. •건강형 생활습관으로 바꿔라. •식습관이 건강의 절반을 책임진다. •육식은 채식을 항상 이긴다. •비만만은 절대로 피하라. •운동에 이기적인 사람이 되라. •나이에 맞는 건강전략을 실행하라.

What is a successful life is a healthy life

건강한 삶이 성공한 인생이다

Part 1 건강이 인생의 전부다

'건강보다 소중한 것'이 없다' 라는 말은 아무리 강조해도 지나치지 않은 말이다. 그래서 나는 수업시간에 제자들에게 자주 인성교육과 함께 건강의 중요성에 대해 일장 연설을 늘어놓곤 한다. 학생들은 전공강의보다 나의 이런 잡담 같은 강의를 더 좋아했지만, 사실 내가 전공강의 시간에 제자들이 세상을 살아가는데 반드시 갖추어야 할 덕목은 물론 건강과 관련된 이야기를 자주 했던 것은 제자들을 향한 나만의 사랑표현이었다. 어쩌면 전공관련 지식을 습득하는 것 못지않게 덕목을 쌓게 하고 건강에 대한 경각심을 갖게 하는 것이 그들을 위해 더 중요하다고 생각했는지도 모른다. 건강을 잃으면 모든 것을 잃는 것이라고, 전공지식을 아무리 많이 습득해도 건강을 잃으면 모두 허사라는 사실은 40년 동안 내가 수많은 제자들을 보아오면서 저절로 습득한 불변의 진리이다. 그래서 사랑하는 그들을 향해 나는 말하고 또 말했다. 건강이 인생의 전부라고.

　사랑하는 제자 중에 예병화라는 대학원생이 있었다. 예군은 10년 전쯤 우리 연구실의 기둥이었다. 학부생 때부터 실험실에 들어와 온갖 궂은일을 항상 웃으며 성실하게 하던 녀석이었는데 머리도 영특하여 훗날 내 수제자감이 될 재목이라고 눈여겨보고 있었다. 그런데 그 녀석이 그만 석사논문 발표를 며칠 남겨 놓고 세미나 시간에 쓰러지고 말았다. 하얗게 눈동자를 까뒤집은 채 입에 거품을 머금고 쓰러진 그날 이후, 그렇게 영민하던 예병화는 더 이상 존재하지 않았다. 아니, 그 녀석의 두개골을 절단하고 터진 혈관을 찾던 의사선생님이 수술 중 수술실 밖으로 나와 희망이 없다고 말했을 때, 나는 바보가 되어도 좋으니 생명만이라고 살려달라고 애원을 했었다. 그때 반신불구에 바보가 되어도 좋으니 살려만 놓으라고 소리치던 나의 외침은 진심이었다.

　지금도 때가 되면 절뚝거리며 찾아와 배시시 웃으며 인사하는 예병화를 보고 있자면 가슴이 아프고 너무 안타깝다는 생각이 든다. 아무리 선천성 뇌혈관 장애를 가지고 있었다 하더라도 평소 건강에 관심을 가지고 조심을 하였더라면, 지금쯤 훌륭한 과학자나 교수가 되어 있을 재목이었기에 더욱 안타까웠다. 예병화 사건 이후, 나는 우리 연구실의 대학원생들에게 좋은 연구를 하여 훌륭한 논문을 쓰는 것도 중요하지만 그보다 더 중요한 것은 건강을 지키는 것이라고 시간만 나면 잔소리를 해댔다. 부모보다 일찍 죽는 자식은 최대의 불효를 하는 것처럼, 스승 앞에서 쓰러지는 모습을 보이는 것은 스승의 가슴에 못질을 하는 것과 다름없다.

　나는 나보다 먼저 세상을 달리 하거나 쓰러지는 제자들을 보면 한동안 잠을 설치며 후회를 하곤 했다. 내가 한 마디라도 더 건강을 챙기라고 구체적으로 말을 해주었더라면 좋았을 것을 하는 후회 때문이다. 그런 후회는 내가 사랑하는 정도가 큰 제자일수록 더욱 커진다. 제자들뿐만 아니다. 나는 평소 내가 아끼는 우리 대학의 동료교수나 후배교수들에게도 만날 때마다 '담배 끊어라' '술 좀 적게 마셔라' '건강검진받아라' 등등 귀찮게 느껴질 정도로 잔소리를 해왔다. 특히 내가 아끼고 사랑하는 사람일수록 나의 잔소리는 횟수도 많아지고 강도도 높아지는데, 그 이유도 건강을 잃어버리는 바람에 장시간 힘들게 쌓아왔던 학자로서의 명성과 훌륭한 연구능력을 한순간에 헛되게 만든 경우를 주변에서 자주 봐 왔기 때문이다.

　지난 해 나는 내 평생을 같이 했다고 해도 좋을 선배교수 한 분을 저 세상으로 먼저 보냈다. 그 분은 경상대학교 제6대 총장을 역임했던 박충생 교수로, 나와는 같은 학과의 교수로서 40년 동안 동거동락을 하면서 수많은 좋은 일과 나쁜 일을 함께 경험하며 살아왔다. 나는 그 분을 선배교수로서 또 그 분이 총장직을 수행할 때에는 기획연구처장으로서 모셨다. 박충생 총장은 학자로서도 유능하였을 뿐만 아니라 인생 선배로서도 지혜롭고 성품이 온화하여 나의 존경을 받기에 부족함이 없는 분이었다. 그래서 그 분과 매사를 상의하며 살아왔던 나는 그 분이 돌아가시고 난 뒤, 한동안 식욕을 잃을 정도로 의욕 없는 시간을 보냈었다. 그리고 평소 담배와 술을 즐겨하시던 그 분의 건강을 적극적으로 챙기지 못했다는 후회가 물밀 듯이 밀려왔다.

　박충생 총장은 동물발생공학을 전공하였고, 오늘날 세계 최고라고 평가받고 있는 대한민국 생명과학 분야에서 선구자적인 활동을 하셨다. 또 지혜롭고 온화한 카리스마를 가졌던 그 분은 경상대학교 총장으로서도 탁월한 경영능력을 인정받았었다. 그래서 그의 그런 경험과 능력은 앞으로도 많은 이들을 위해 유익하게 쓰여질 수 있을 것이라 기대되었지만, 그 분은 66세의 짧은 생을 마감하였다. 평소 박충생 총장은 건강하였고, 또 워낙 성실하게 일을 하셨던 분이라 건강에 자신을 하던 분이었다. 그래서 그 분은 암이 발견되기 직전까지 술과 담배를 즐겨하였다. 물론 나는 그 분에게 시간만 나면 담배를 끊고 술도 줄이라고 충고를 해왔지만, 워낙 건강했던 분인지라 그렇게 적극적으로 권면하지는 못했었다. 그러나 지금 그 분이 돌아가시고 난 후, 나는 이렇게 후회를 하고 있다. 좀 더 적극적으로 잔소리하지 못했기 때문에 사랑하고 존경하던 분을 잃었다는 자책감을 안고 말이다.

　나는 보통 사람들보다 자주 병원을 찾는 편이다. 그래서 주변의 친한 사람들은 나를 움직이는 종합병원이라고 놀리기도 하지만, 사실 내가 병원을 자주 찾는 이유는 정기검진과 같은 예방의 차원이 더 많다. 그런데 병원에 자주 가다 보면 건강이 얼마나 중요한지에 대해 새삼 깨닫게 된다. 특히 병원 응급실에서 두세 시간만 있어 보아라. 당장 숨이 넘어갈 듯 누군가의 등에 업혀 들어오는 환자들과 온몸이 피투성이인 채 들것에 실려 들어오는 교통사고

환자들을 쉽게 볼 수 있다. 만약 여러분도 생사를 넘나드는 그 절박한 상황들을 지켜본다면, 자신이 지금 이 시간 건강하게 숨쉬고 있다는 사실 하나만으로도 너무나 감사하다는 것을 절실하게 느낄 수 있다.

우리는 건강을 세상의 그 무엇보다 소중히 여겨야 한다. 재물을 잃는 것은 일부를 잃는 것이지만 건강을 잃는 것은 전부를 잃는 것이라는 말이 있다. 이 말은 세상이 바뀌고 또 바뀌어도 변하지 않는 진리다. 건강이 세상에서 가장 중요한 자산인 것이다. 생각해 보라. 어느 날 갑자기 여러분이 병원의 하얀 시트 위에 누워 더 이상 치료 불가능하다는 판정을 받는다면, 여러분이 가지고 있는 세상의 명예, 재산, 인맥과 같은 것이 무슨 의미가 있겠는가. 건강을 잃으면 그 순간부터 돈이고, 명예고 그런 것들은 아무 소용이 없는 것이 된다. 그래서 '배우지 못한 무식한 사람도 병약한 지식인보다 행복한 법이다' 라는 말이 있다.

일반적으로 건강의 고마움은 앓아 보아야 절실히 느낀다. 대다수의 사람들은 건강할 때는 건강의 소중함을 알지 못한다. 몸에 상처가 나거나 이상이 생겼을 때, 그때서야 건강의 소중함을 절실하게 깨닫게 된다. 하지만 많은 경우 건강의 소중함을 깨달았을 때 이미 시기가 늦어 주변 사람들을 가슴 아프게 만든다. 만약 어린 아이를 둔 가장이 자신의 건강을 돌보지 않아 치명적인 병에 걸린다면, 그것은 자식에 대한 죄다. 자신의 건강을 돌보지 않아 어린 자식에게 힘든 삶을 살아가게 만든 죄인이기 때문이다. 그런데도 불구하고 적지 않은 사람들이 스스로 자신은 건강하다고 믿고 있다. 하지만 건강에 관한 한 그 누구도 자신하지 말아야 한다. 그것은 건방진 교만과 다름 아니다. 여러분은 건강에 대해 절대로 만용을 부려서는 안 된다. 지혜로운 자가 건강을 얻는다는 교훈을 가슴에 새기기 바란다.

Part 2 건강형 생활습관으로 바꿔라

세상에는 특이한 체질을 가지고 보통 사람들의 상식으로는 이해가 되지 않는 건강을 유지하는 사람도 있다. 내 주변에도 그런 분이 한 분 계신데, 그 분은 바로 나의 이모부이자 우리 학과의 명예교수이신 강대진 교수님이다. 올해 연세가 82세인 강대진 교수님은 요즘도 젊은이들과 테니스 경기를 해도 절대 지지 않으며, 점심식사에 반주로 소주 2병을 가볍게 마신다. 설탕을 너무 좋아 하여 국수를 드실 때도 설탕을 다섯 숟가락씩 넣어 맛있게 드시는 데도 당뇨병과는 전혀 관계 없이 건강하게 사시는 것을 보면 불가사의한 일이 따로 없다. 한창 젊었을 때에는 앉은자리에서 소주를 18병이나 마시고도 끄떡없었다는 이 어르신은 내가 알고 있는 사람들 중 가장 술을 잘 드시고 또 많이 드신 분인데, 그럼에도 불구하고 간경화나 간염 같은 간장질환과도 전혀 무관하게 살아오셨다. 강대진 교수님은 평생을 감기에 걸린 적조차 없는데, 그래서 평소 건강에 대해 관심이 많은 나의 관찰 대상이었다.

건강한 장수의 비결은 올바른 생활습관

강대진 교수님의 건강에 대한 나의 관찰 결론은 이렇다. 이 어르신이 보통 사람들과는 확실히 다른 체질을 소유하고 있는 것도 사실이지만, 노년까지 건강을 유지하는 진짜 비결은 이 분이 젊었을 때부터 몸에 배어 있는 건강형 생활습관 때문이라는 결론이다. 식습관에서 설탕을 많이 드시는 것도 사실이지만 반대로 소금을 매우 싫어하셔서 짠 음식은 입에 대지도 않으셨다. 축산학과의 교수님답게 거의 모든 육류를 즐겨 드셨고 못 드시는 음식은 없었다. 술을 즐겨하시고 많이 마셨지만 담배는 중년 이후에는 절대 피우지 않으셨다.

강대진 교수님은 부지런한 성품이 몸에 배어 있어 새벽부터 일어나 잠자리에 드실 때까지 한순간도 쉼 없이 바쁘게 몸을 움직이셨다. 그러나 결정적인 것은 젊었을 때부터 운동을 좋아하시고 또 잘 하셔서 축구, 배구, 농구, 탁구 등 종목을 가리지 않고 운동을 하셨다. 나이가 들어가면서도 거의 매일 테니스 치시는 것을 즐기셨는데, 한때는 장노년부 한국대표로 출전하시기도 했다. 그렇게 바쁘게 몸을 움직이며 살아오셨으니, 술과 고기를 그렇게 많이 드셔도 몸에 군살 하나 없는 매끈한 몸매를 유지할 수 있었다. 그러니 강대진 교수님의 이런 건강형 생활습관이야말로 노년까지 건강하게 장수하시는 진짜 비결이라 생각한다.

무병장수하는 건강은 올바른 생활습관만으로 유지될 수 있다. 매일 규칙적인 생활, 적절한 수면과 휴식, 자연 친화적인 식생활과 규칙적인 배변, 적당한 운동과 적절한 체중 유지, 바른 자세 유지, 금연과 적절한 음주, 건전한 성생활, 긍정적인 마음과 약물에 의존하지 않는 생활 등, 이런 것들이 건강형 생활습관이다. 강대진 교수님이 각종 질병으로부터 자유롭게 건강히 생활하시는 것은 첨단 의학기술 때문이 아니다. 강대진 교수님은 가장 저렴하면서도 효과적인 건강법, 즉 올바른 생활습관으로 건강하게 장수하고 계신 셈이다.

21세기 풍요의 질병 생활습관병

'생활습관병'이란 말이 있다. 이는 눈부신 과학의 발달로 생활이 편리해짐에 따라 나쁜 생활습관이 고착화되어 나타나는 각종 질병들을 일컫는 말로 '풍요의 질병' 또는 '21세기 질병'으로도 불린다. 우리는 잘못된 식습관, 적거나 과도한 운동, 음주나 흡연 및 스트레스 등과 같은 생활습관이 각종 질병의 원인이라는 것을 이미 오래 전부터 잘 알고 있다. 그럼에도 불구하고 놀라운 사실은 현대인들이 겪고 있는 질병의 발병 원인 중 60%가 생활습관에서 기인한다는 사실이다. 특히 21세기에 들어서면서 과학문명은 생활을 더욱 편리하게 만드는 방향으로 급속히 발달하고 있는 반면, 사회는 더욱 복잡하게 변하면서 스트레스가 가중됨에 따라 잘못된 생활방식에 의한 생활습관병이 현저하게 증가하고 있다. 내 주변을 둘러보아도 하루의 대부분을 컴퓨터 앞에 앉아서 일을 하고, 생활의 스트레스를 술과 담배로 풀어내는 사람들이 부지기수로 많다. 이렇게 나쁜 생활방식이 습관화되면 비만, 심장질환, 변비, 만성 폐쇄성 호흡기 질환, 고혈압, 동맥경화, 뇌졸중, 골다공증 등 수많은 생활습관병이 생겨난다.

나는 대학에서 40년을 근무하는 동안 해가 다르게 변하는 대학생들을 보아왔다. 그러나 40년 전이나 지금이나 변하지 않는 것이 하나가 있는데, 그것은 수업시작 전 학생들이 떼로 모여 담배를 피우다 나를 발견하곤 급히 담배를 끄고 강의실로 뛰어 들어가는 모습이다. 이러한 모습은 중간고사나 기말고사 기간에 더욱 심해져 강의실 복도가 담배연기로 인해 마치 연막탄을 피워놓은 것처럼 보일 때도 있다. 다행스러운 것은 요즘은 담배 피우는 학생의 수가 조금씩 감소하고 있다는 것이지만, 최근 보건복지부의 조사 결과를 보면 여전히 성인남성의 절반 정도(47.5%)가 담배를 피우고 있다고 한다. 문제는 흡연이 거의 모든 생활습관병을 유발한다는 점이다. 모든 암의 30%가 담배 때문에 발생하며 담배연기와 직접 접촉되는 구강, 식도, 폐, 기관지 등과 같은 기관들에서 발생하는 암의 90% 정도가 흡연이 원인이다. 또 담배 연기와 직접 접촉하지 않는 인체 장기 중 자궁경부, 췌장, 방광, 신장, 위장, 조혈 조직의 암 발생률 역시 흡연자가 비흡연자에 비해서 3배 정도 높다고 보고되고 있다. 즉, 생활습관병의 주범은 바로 흡연인 셈이다.

지난 40년 동안 가장 눈에 띄게 변한 대학생들의 모습 중 하나는 과거에 비해 비만한 학생들이 부쩍 늘었다는 사실이다. 이는 과거에 비해 물질적으로 풍요로워지면서 과다하다 싶을 정도로 많은 영양분을 섭취한 것이 원인일 것이다. 고지방과 고열량의 식습관은 비만의 직접적인 원인이 되며 결장암, 자궁내막암, 유방암, 전립선암 등 각종 암을 유발시킨다. 특히 저급한 지방이나 당류와 같은 탄수화물의 과도한 섭취는 혈중 LDL(콜레스테롤) 수치를 증가시켜 동맥경화의 원인이 된다. 또 소금이 많이 들어간 짠 음식은 혈압을 상승시켜서 심혈관질환의 위험성을 증가시키고, 커피를 많이 마셔도 혈압이 상승하고 혈중지질 농도가 높아져 심혈관질환에 걸릴 위험성이 높아진다. 따라서 잘못된 식습관이야말로 각종 생활습관병을 유발하는 주요 요인이라 할 수 있다.

마지막으로 과거에 비해 확연하게 달라진 대학생의 모습을 꼽는다면 예전의 대학생들에 비해 요즘 학생들의 체력이 너무 약해졌다는 점이다. 영양학적으로는 분명 과거의 학생들에 비해 너무나 우수한 영양성분들을 섭취하고 있는 요즘 학생들이 체력은 비교도 안 될 정도로 약해진 이유는 운동부족 때문이다. 이는 학생들뿐만 아니다. 현대인들은 바깥보다 사무실에서 근무하는 시간이 많고, 걷는 것보다 자동차를 타는 일이 많아졌다. 즉, 몸을 움직이는 절대적인 시간이 과거에 비해 짧아졌다는 말이다. 따라서 이러한 운동부족으로 인해 체력이나 면역력이 저하되어 각종 질병에 걸릴 확률도 높아졌다. 운동부족으로 발생하는 비만은 모든 병의 원인이라고 해도 과언이 아니다. 고혈압, 심장병, 뇌졸중의 원인이 되며, 특히 복부비만은 허리에 과다하게 무리를 주어 요통을 유발하며 무릎 등 관절염을 일으키기도 쉽다. 게다가 스트레스 및 대인기피 등 정신적 피해까지 발생시키기도 한다. 따라서 생활습관병을 유발하는 또 다른 주요 요인은 운동부족이라 할 수 있다.

각자 스스로 생활치료사가 되라

사실 '생활습관병'이란 용어와 개념은 일본에서 시작된 것인데, 최근 우리나라 국어사전에도 신조어로 '생활치료'라는 단어가 등장했다. 이 단어의 사전적 정의는 '환자의 식습관 등을 잘 살펴 병의 원인을 찾아내서 병을 잘 다스려 낫게 하는 일'로 되어 있다. 즉, 생활치료라 하는 것은 현대인의 질병이 무절제한 생활과 각종 스트레스, 환경적 요인에서 비롯되기 때문에 생활상의 문제점을 되돌아보며 생활습관의 개선방안을 찾는 것을 주된 목적으로 하는 치료방식이다. 따라서 인터넷이 발달하여 각종 건강정보를 누구나 손쉽게 접할 수 있는 시대를 살고 있는 여러분들은 각자의 건강상태를 스스로 진단하여 적절히 생활습관을 개선하는 자신의 생활치료사가 될 것을 권한다.

일본에서는 정부가 주도하여 생활습관병을 예방하기 위한 여러

가지 국민운동을 진행하고 있다. 그 대표적인 것이 '일무이소삼다(一無二小三多)운동'이다. 여기서 일무(一無)란 금연을, 이소(二小)란 소식(小食)과 소주(小酒)를, 삼다(三多)란 많이 움직이고(多動), 많이 쉬고(多休), 많은 사람과 사물을 접함(多接)을 뜻한다. 이는 앞에서 설명한 바와 같이 생활습관병의 주요 원인을 흡연, 잘못된 식습관 및 운동부족으로 규정하고 이를 개선하기 위한 행동요령을 슬로건으로 간략히 표현한 말이다. 나는 이 '일무이소삼다' 운동이 생활습관병을 예방하고 우리의 건강을 지키는데 매우 유익할 것이라 믿기에, 여러분에게도 적극 권장하고 싶다.

생활습관을 바꿔 국민들의 건강을 증진시키려는 운동은 영국에도 있다. 영국 정부는 2007년부터 이른바 '작은 변화 큰 차이(Small Change Big Difference)'라는 캠페인을 시작했다. 이 운동 역시 생활양식을 조금만 바꿔도 장기적으로 건강해질 수 있다는 캠페인이다. 당시 블레어 총리도 캠페인에 참가해 승강기 대신 계단을 이용하는 등 생활양식의 변화를 시도하는 모습을 자국민들에게 보여주었다. 하지만 정부가 이런 운동들을 펼치는 것보다 더 중요한 것은 개개인 스스로가 생활습관이 수많은 질병의 원인임을 자각하고, 올바른 생활습관을 가지기 위해 노력하는 자세를 보여야 한다. 가장 훌륭한 생활치료사는 자기 자신이기 때문이다.

여러분의 건강상태에 대해 가장 잘 알고 있는 사람은 당연히 여러분 자신이다. 다시 한 번 강조하자면 흡연, 잘못된 식습관, 생활 속의 운동부족이 여러분의 건강에 어떤 결과를 초래하는지를 깨닫고 스스로가 자신의 생활치료사가 되어야 한다. 그러나 잘못된 생활습관을 바꾸는 일은 결코 쉬운 일이 아니다. 너무 쉽게 느껴지기 때문에 역설적으로 어려운 것이다. 따라서 생활습관을 바꾸는 일은 대단한 결단과 결심이 요구되며 장시간의 노력이 필요하다. 일반적으로 신체가 새로운 습관과 환경에 익숙해지기까지는 적어도 6개월에서 1년의 시간이 필요하다. 매일 아침 운동하는 것이 습관화되어 있는 나의 경우 하루라도 운동을 하지 않으면 몸에 이상신호가 감지된다. 담배를 끊은 경우 다른 사람의 담배연기가 역겹게 느껴질 정도가 되어야 정말 금연에 성공한 것이라고 한다. 이렇게 되려면 그만큼의 시간과 노력이 필요하다.

여러분은 여러분의 잘못된 생활습관을 어떻게 바꾸어야 할지 스스로 잘 알고 있으리라 생각한다. 나는 여러분이 중단 없는 노력과 꾸준한 실천으로 몸속 깊숙이 스며든 잘못된 생활습관을 바꾸어 강대진 교수님처럼 건강히 장수하기를 바란다.

Part 3 식습관이 건강의 절반을 책임진다

무엇을 먹을 것인가?

　신체의 건강을 말하는 데 있어 식습관의 중요성은 빼놓을 수 없는 주제이다. 심지어 모든 질병은 음식에서 비롯되고, 또 모든 질병은 음식으로 치료가 가능하다고 말하는 사람도 있다. 그 정도로 우리가 먹는 음식이 우리의 신체에 미치는 영향이 지대하다. 따라서 나도 매일 무엇을 어떻게 먹을 것인가에 대해 고민을 자주 하는 편인데, 문제는 올바른 먹거리에 대한 정보가 너무 많고 또 많은 사람들이 주장하는 것이 서로 달라 어떤 것이 옳은 것인지 판단하기 힘들다는 점이다.
　대부분의 전문가들은 염분의 섭취를 줄이고 육식을 피하고 술과 담배를 멀리하는 것이 장수를 위해 필수사항인 것처럼 말하지만, 미국고혈압학회 회장 마이클 올더먼 박사는 염분 섭취량이 많을수록 오래 산다는 조사결과를 발표하였다. 육식과 관련해서도 많은 사람들이 채식 위주의 식생활이 장수의 보증수표인 것처럼 말하지만 중앙아시아의 장수촌 사람들은 육식 위주의 식생활을 하고 있다.

술과 담배의 경우도 다르지 않다. 얼마 전 서울에서 열린 '노화와 장수'라는 주제의 국제학술심포지엄에서는 우리나라 장수자의 42.2%, 일본 장수자의 39.3%가 술을 즐겨 마신다는 보고가 있었다. 또한 TV나 신문에서 90세 이상 된 노인이 담배를 즐겨 피우는 장면이 보도되기도 한다. 나는 세계 최고령자인 미국의 크리스챤 모르텐슨 옹이 기자가 장수의 비결을 묻자 연신 담배를 피워대며 "비결? 별거 없어"하고 대답했다는 외신보도를 보고 충격에 빠진 적이 있다. 그는 평소 닭고기와 생선을 즐겨 먹는다는데, 그럼 닭고기와 생선을 즐겨 먹으면 담배를 피워도 건강할 수 있다는 말인가?

나는 식습관과 관련하여 현재 우리가 접하고 있는 정보들을 무조건 맹신하여서는 안 된다고 믿는다. 얼마 전 이유식에 고기를 갈아 넣으면 아토피에 걸린다는 인터넷 정보만 믿고 아이에게 콩만 갈아 만든 이유식을 먹였다가 영양실조에 걸려 병원을 찾는 경우가 많다는 뉴스는 가히 충격적이었다. 이유기의 어린아이가 영양실조에 걸리면 그 아이는 평생 회복할 수 없는 질병에 노출될 확률이 높기 때문이다. 이런 경우는 엄마의 무지가 아이의 건강을 해쳤다고밖에 볼 수 없다. 이 같이 식습관과 관련한 극단적인 주장은 다양한 언론매체들을 통해 넘쳐나며, 그 주장들은 하나같이 그럴 듯하게 포장되어 있다. 그 대표적인 것이 극렬 채식주의자들의 일방적인 주장들이다. 어떻게 완전 채식을 하면서 신체의 건강을 유지할 수 있다는 말인가?

나는 대학에서 40년 동안 각양각색의 학생들을 만났다. 그 중에는 먹성 좋고 힘이 장사 같은 녀석들도 있었고, 또 병약한 학생들도 있었다. 그런데 한 가지 분명한 것은 이것저것 가리지 않고 잘 먹는 학생이 그렇지 않은 학생보다 훨씬 건강하다는 사실이다.

건강하지 않아서 못 먹는 것인지 못 먹어서 건강하지 않은 것인지는 확실하지 않다. 나는 다양한 음식을 골고루 먹는 것이 좋은 식습관이고, 그 식습관은 편식하지 않는 것이 건강에 좋다는 교육에 의해 형성된다고 믿는다. 즉, 잘 먹어서 건강하고 건강해서 잘 먹는 선순환의 식생활 패턴을 형성하는 것이 무엇보다 중요한데, 여러분들도 잘못된 정보에 현혹되지 말고 무엇을 어떻게 먹을 것인지에 대한 올바른 판단과 지혜로운 선택을 할 수 있기를 바란다.

편식이 건강을 망친다

나는 아들식구들과 함께 가족 모두가 외식하는 것을 좋아한다. 현재 아들은 순환기내과 의사로 일하고 있는데, 평소 5~6인분의 고기를 가볍게 해치울 정도로 고기를 좋아한다. 그래서 여름철에는 아들과 단둘이 보신탕집을 찾을 때가 종종 있는데, 아들과 함께 땀을 뻘뻘 흘리며 보신탕을 먹는 즐거움은 세상을 사는 또 다른 나의 행복이다. 하지만 이런 행복은 그냥 얻어진 것이 아니다. 처음 아들에게 보신탕을 권했을 때, 나는 아들이 거부감 없이 보신탕을 먹을 수 있도록 여러 가지 지혜를 발휘하였다. 즉, 오늘날 아들과 함께 보신탕을 즐길 수 있는 행복은 내 노력의 결과라는 것이다. 나는 요즘 손녀들에게 김치나 여러 종류의 찌개들을 먹이는 교육도 하고 있다. 물론 세월이 지나 그 녀석들과 함께 김치나 찌개를 앞에 둔 식사를 하고 싶기 때문이다. 만약 그 녀석들이 김치나 찌개 먹는 것을 싫어한다면 나는 손녀들과 함께하는 식사의 즐거움을 잃게 될 것이다. 그래서 손녀들이 김치나 찌개를 즐길 수 있도록 하는 것은 그 녀석들의 건강을 위한 것도 있지만 나의 행복을 위해서도 매우 중요한 과제이다.

    식습관이란 한 마디로 버릇이라고 할 수 있다. 일반적으로 버릇이란 어떤 행동이나 의식의 형태가 고정되어 그것이 언제나 같은 형태로 무의식중에 나타나는 것을 말한다. 따라서 먹는 버릇, 즉 식습관은 일상 식사의 반복이 누적되어 습관으로 형성되는 것이기 때문에 한 번 형성된 나쁜 식습관은 고치기가 상당히 어렵다. 따라서 올바른 식습관은 어렸을 때부터 적극적인 교육을 통해 만드는 것이 바람직하다. 그런데 이 식습관은 성격과도 밀접한 관련이 있어, 호기심이 많고 적극적인 사람은 비교적 쉽게 새로운 음식을 먹지만 신경질적이고 소극적인 사람은 새로운 음식을 먹으려 하지 않고 기호의 폭이 좁아 편식하기 쉽다. 따라서 어린아이의 경우 새로운 음식을 권할 때 지혜가 필요한데, 만약 그 방법에 문제가 있어 특정 음식을 먹지 않고 편식하게 되면 기호의 폭이 좁아지는 것은 물론이고 성격도 소극적이 되고 호기심도 적어진다. 따라서 여러분은 식생활의 기호와 성격은 같은 맥락에서 상호작용하면서 발달되어간다는 것을 명심하길 바란다.

바른 식습관의 형성은 부모의 역할이 가장 중요하지만, 학교 급식이나 친척 또는 지인들과의 외식 등을 통해 바른 식습관이 형성되도록 유도하는 것도 효과적이다. 일반적으로 편식이라는 나쁜 식습관은 생리적, 심리적 원인과 이를 유도하는 사회, 경제적인 요인 및 가정에서의 식사환경에 의하여 형성된다. 편식이 건강에 나쁜 이유는 고른 영양의 섭취가 이루어지지 않기 때문이며, 따라서 다양한 식단의 여러 가지 음식을 가리지 않고 골고루 먹는 습관을 형성하는 것이 건강을 위해 매우 중요하다. 편식뿐만 아니라 과식이나 폭식을 해도 영양소를 필요한 양만큼 골고루 섭취하지 못하는 결과를 초래한다. 따라서 건강한 육체를 위해서는 다섯 가지 기초 식품군이 모두 들어간 식사를 즐겁게 하는 습관을 형성하는 것이 중요하다.

균형 있게 적당히 절제하며

앞에서도 언급한 바와 같이, 오늘날 세상에는 식습관과 관련하여 너무나 많은 정보들이 떠돌고 있으며 많은 경우가 특정 경우를 과장되게 확대해석한 것이다. 따라서 여러분은 건강을 위한 올바른 식습관을 형성하는데 지혜로운 선택을 하여야 한다. 예를 들어 설탕을 그렇게 많이 드셔도 당뇨와 상관없이 건강하게 생활하시는 강대진 교수님을 보고 우리도 설탕을 그렇게 많이 섭취해서는 안 된다. 또 극렬 채식주의자들의 주장만 믿고 고기를 먹으면 마치 금방이라도 성인병에 걸릴 것같이 생각하여 육식을 금하면, 반대로 건강에 해가 될 수 있다. 즉, 모든 것은 객관적이고 상식선에서 판단하고 행동하면 큰 무리가 없을 것이라 생각되는데, 나는 여러분들에게 올바른 식습관을 형성하기 위해서는 3가지의 기본원칙을 지키라고 권하고 싶다.

올바른 식습관을 형성하기 위한 3가지의 기본원칙은 균형 있는 식단, 적당량의 식사, 특정 성분의 절제 있는 섭취이다. 균형, 적당, 절제, 이 3가지의 단어를 꼭 기억하길 바란다. 여기서 균형 있는 식단이란 세상만사가 다 그러하듯이 식생활에도 균형이 필요하며 우리의 식단에 모든 영양소들이 균형 있게 들어 있어야 한다는 말이다.

만약 등푸른 생선이 건강에 좋다고 해서 매일 매끼를 등푸른 생선만 먹는다면 오히려 건강을 망칠 수 있다. 우리의 몸은 다양한 영양성분을 적시에 적절히 공급해 주어야 생활의 원동력을 제공하는 대사 활동과 에너지 생산이 가능해진다. 따라서 가급적 식단은 육류, 생선, 채소, 과일 등 여러 가지 식품들이 변화를 가지고 구성되어야 한다. 이와 같이 다양한 식품으로 구성된 식단으로 식사를 하는 것은 영양성분의 고른 섭취를 위해서도 필요하지만, 맛이 다른 다양한 음식을 즐기는 삶의 행복을 위해서도 필요하다.

현대인에게 있어 비만은 각종 질병의 원인으로 지목되고 있는데 이는 현대인들이 필요 이상의 음식을 너무 많이 먹기 때문이다. 따라서 올바른 식습관의 형성에 있어 적당량을 먹는 습관은 매우 중요하다. 우리 몸은 필요 이상의 칼로리가 섭취되면 모두 지방으로 축적하기 때문에 과식이나 폭식을 하지 않도록 습관화할 필요가 있다. 아무리 맛있는 고기요리가 식탁 위에 있더라도 적당량만 먹을 줄 아는 인내가 필요하며, 특히 야식은 가급적 먹지 않는 것이 좋으나 꼭 먹어야 한다면 소량을 적당히 섭취하는 것이 중요하다. 여기서 적당이라는 말은 개개인의 체질에 따라 달라질 수 있는 어려운 용어이기 때문에 현명한 여러분이 알아서 판단하리라 믿는다.

올바른 식습관을 위한 마지막 기본원칙인 절제는 특정 영양소나 첨가제 등의 섭취를 가급적 절제하라는 것이다. 아무리 건강에 좋다고 알려져 있다고 하더라도 뭐든지 과한 것은 좋지 않다. 특히 건강보조식품의 남용은 오히려 부작용의 소지가 다분하기 때문에 적절하게 섭취하는 것이 필요하다. 한편 패스트푸드처럼 고칼로리 식품이나 지방의 함량이 많은 식품은 절제가 요구되며, 소금이나 설탕 또는 인공조미료나 감미제 등과 같이 과도한 섭취가 건강에 이롭지 않다고 알려진 식품첨가제들의 섭취는 가급적 절제하는 것이 건강에 바람직할 것으로 판단된다. 또한 착색제, 발색제, 표백제 등 식품을 보기 좋게 만들기 위해 사용된 각종 식품첨가물들이 들어 있는 식품은 섭취를 삼가는 것이 바람직할 것으로 생각된다. 이에 대해서는 너무나 많은 정보들이 있기 때문에 여러분들은 상식적이고 보편타당성이 있는 정보만을 취사선택하기를 바란다.

Part 4 육식은 채식을 항상 이긴다

지난 해 우리 학과의 주선태 교수가 '고기예찬' 이라는 책을 펴내 장안의 화제가 된 바 있다. 모든 사람들이 육식을 금하고 채식위주의 식사를 해야 건강에 좋다고 주장하는데, 주교수는 대한민국 사람들은 건강을 위해 고기를 더 많이 먹어야 한다고 주장했으니 사람들의 주목을 받을 만했다. 하지만 나는 대학에서 40년간 축산가공학을 연구하고 가르쳐 온 사람으로서 평소 주교수와 인식을 같이 해 온 터라, 그의 주장에 전적으로 동의하며 전폭적인 지지를 보낸다. 건강의 절반을 책임지는 것은 좋은 식습관이며, 좋은 식습관이란 기본적으로 편식을 하지 않는 것이다. 그런데 우리들은 채식주의자들이 주장하는 '육식이 건강을 해친다' 라는 과장된 정보에 무방비로 노출되어 온 결과, 이제는 거의 모든 사람들이 채식은 건강에 좋고 육식은 건강에 나쁜 것으로 잘못 알게 되었다. 따라서 고기를 의도적으로 먹지 않는 편식이 마치 건강에 좋은 것처럼 알고 행동하고 있어 매우 안타깝다.

　주선태 교수의 주장에 따르면, 육식이 건강에 해로울 정도가 되려면 미국사람들처럼 1년에 약 120kg 정도의 고기를 먹어야 한다. 그 정도 먹어야 고기 속에 들어 있는 동물성 지방의 섭취가 과하여 동맥경화나 심장질환 같은 질병에 걸릴 확률이 높아진다. 하지만 우리나라는 이제 겨우 1인당 년간 30kg을 조금 넘는 고기를 먹고 있다. 따라서 고기를 우리보다 4배나 많이 먹는 미국사람들처럼 고기가 건강에 나쁘다고 말하는 것은 좀 웃기는 일이 된다. 세계 제1의 장수국인 일본만 하더라도 1인당 육류섭취량이 50kg 정도이고, 올해 남성의 제1 장수국에 오른 홍콩도 육류섭취량이 50kg 이상이다. 따라서 우리도 고기를 1인당 년간 50kg 정도까지 섭취해야 건강하게 장수할 수 있다.

나이가 들수록 고기를 더 먹어라

　그런데 문제는 나이가 들수록 고기를 더 먹기는커녕 장년층으로 갈수록 고기의 섭취를 더욱 꺼린다는 점이다. 그 이유는 미국식 영양학에 영향을 받아 고기를 많이 먹으면 비만해지고, 비만하면 각종 질병에 걸릴 확률이 높아진다는 걱정 때문이다. 하지만 이런 미국식 사고방식은 우리나라에 어울리지 않는다. 근래 우리나라 사람들이 비만한 이유는 고기를 많이 먹어서가 아니라 음식물의 섭취가 과다하기 때문이다. 즉, 밥이나 간식, 야식 또는 술이나 당분이 많이 들어간 음료수 등이 실질적인 비만의 원인이다. 특히 어린아이들의 소아비만 원인은 당분이 많이 들어간 과자나 인스턴트식품 또는 패스트푸드가 주요 원인이다. 정말 건강한 식단은 '황제 다이어트'라 불리는, 즉 다른 것은 안 먹고 고기만 먹는 고급식단이라 할 수 있다. 하지만 우리나라 장년층들은 고기가 비싼 이유도 있지만 좋은 고기를 먹어 본 경험이 많지 않아 고기의 섭취량이 부족하고, 그 결과 각종 질병에 쉽게 노출되고 있다.

고기도 먹어 본 사람이 잘 먹는다. 만약 노인들도 고급단백질이 풍부한 고기의 섭취가 충분하면 면역력이 증진되어 신종플루와 같은 질병에 노출되어도 위험도가 현격히 낮아질 수 있다. 일본에서도 최고의 장수촌으로 알려진 오키나와 노인들이 건강하게 장수하는 원인도 돼지고기의 섭취량이 1인당 년간 70kg 이상이라는 보고는 우리나라 노인들이 새겨들을 만한 소식이다. 우리나라 노인들의 사망률 1위는 중풍으로 알려진 뇌졸중 또는 뇌출혈에 기인한다. 그런데 우리나라 노인들의 뇌혈관 질환은 미국사람들처럼 혈관벽에 콜레스테롤이 침착하여 혈류의 흐름을 막아 발생하는 것이 아니다. 우리나라 노인들의 경우는 고기와 같은 고급단백질의 섭취부족으로 체내에서 원활한 단백질의 합성이 이루어지지 않은 결과, 뇌혈관 벽을 이루고 있는 세포가 노화하여 탄력성을 잃거나 그 세포들의 원활한 교체가 이루어지지 않아 발생한다. 따라서 노인들의 경우는 면역력 증진과 노화의 방지를 위해 육식이 더욱 필요함에도 불구하고, 우리나라 노인들은 여러 가지 이유로 육류의 섭취를 꺼리니 안타까울 따름이다.

나는 장수하는 사람 중에 채식주의자는 단 한 사람도 본 적이 없다. 세계적으로도 장수하는 사람들에 대한 보도를 보면, 하나같이 고기, 우유, 생선, 밥, 야채, 과일 등 모두 고루고루 먹고, 욕심 부리지 않고 많이 웃고 산 것이 장수의 비결이라고 말한다. 까다롭게 고기는 먹지 않고 채식만 해서 장수했다는 사람을 나는 본 적이 없다. 내 주변에도 건강하게 장수하고 계시는 어르신이 한 분 계신데, 우리 학과의 이정규 교수의 아버님이 바로 그 분이다. 산청에 살고 계시는 이 어르신은 연세가 91세이신데, 얼마 전 80대의 동생들 네 분과 함께 해가 뜰 때 출발하여 지리산의 최고봉인 천왕봉까지 올라갔다가 해질녘에 집에 도착하였다고 한다. 아마도 비공식적으로 천왕봉에 오른 최고령자일 것으로 생각되는데, 이정규 교수의 말이 평소 아버님이 육식을 좋아하시고, 특히 개고기를 즐겨하신 것이 건강한 체력을 유지하시는 비결이라고 한다.

육식이 힘의 근원이다

육식은 개인적인 건강을 위해서도 필요하지만 나라를 강하게 만들기 위해서도 꼭 필요하다. 역사에도 식문화에 따라 한 민족의 문화가 발달하고, 그 결과 다른 민족을 지배하거나 또는 지배당한 기록이 많다. 즉, 풍부한 식량자원의 유무에 따라 강한 국가를 유지하거나 약소국으로 전락되기도 하였다. 고기를 풍족히 먹었던 국가의 국민은 건강하게 장수하고 강대국의 국민으로서 행복한 삶을 누렸지만, 고기의 섭취가 부족한 국가의 국민은 질병에 시달리고 단명하며 다른 국가들로부터 시달림을 받기도 하였다. 우리 민족의 경우도 사냥을 통해 고기를 충분히 섭취하였던 고조선, 고구려, 발해는 광활한 대륙을 질주하면서 주변국과 당당히 맞섰지만 농경사회로 변화하면서 육식이 줄어들었고, 그 결과 점차 국력이 약해져 때만 되면 침략에 시달리게 되었다.

우리는 세계사에서 가장 넓은 영토를 차지하였던 징기스칸의 성공요인을 기억할 필요가 있다. 유목민족인 몽골은 군사보다 많은 말을 이끌고 아시아를 넘어 유럽대륙까지 달려 나갔다. 적들의 예상보다 항상 빨랐던 그들의 기동력은 풍부한 동물성단백질의 섭취에 기인한 월등한 체력에 있었다. 이런 점은 현대에도 변함없이 적용된다. 1988년 서울올림픽 전만 하더라도 우리나라는 각종 국가대항 경기에서 체력의 열세 때문에 좋은 성적을 올리지 못했다. 특히 축구시합에서는 항상 후반전에 육류섭취량이 풍족한 나라의 선수들에 비해 체력이 뒤떨어져 모든 국민들을 안타깝게 만들었다. 그 당시 가장 많이 들었던 소리가 체력의 열세를 정신력으로 극복해야 한다는 것이었다. 하지만 오늘날 육류의 섭취량이 어느 정도 많아진 우리나라는 이제 더 이상 체력적으로는 문제가 없다는 것을 우리 모두가 잘 알고 있다.

내가 40년 동안 대학생활을 하면서 학생들과 가장 기뻐했던 일

중 하나는 우리 학과가 우리 대학의 체육대회에서 3년 연속 우승을 한 사실이다. 우리 학과의 학생들은 축산학과의 학생들답게 다른 학과에 비해 체력적으로 항상 월등했고, 따라서 매년 체육대회에서 가장 강력한 우승후보였다. 나는 우리 학과 학생들의 체력이 좋았던 이유를 다른 학과의 학생들에 비해 고기를 많이 먹었기 때문이라고 생각한다. 집에서 축산관련 일을 하는 학생이 많은 이유로 비교적 고기 먹을 일이 많고, 또 실제로 고기도 엄청 많이 먹었다. 체육대회가 끝나고 수고한 학생들을 데리고 고기집에 가면 정말 놀라울 정도로 고기를 많이 먹어 나의 한달치 월급이 하룻밤 사이에 날아가 버렸다.

고기를 많이 먹던 학생들 중에 국립축산과학원 원장을 역임한 이상진 박사가 잊혀지지 않는데, 이원장은 학생시절에 앉은 자리에서 보통 5~6인분의 고기를 가볍게 먹어치웠다. 원래 체격이 육중했던 이원장은 중년 이후 체중조절을 위해 마라톤을 시작했는데, 이제는 전국대회에 참가해서 1년에 대여섯 차례나 풀코스를 완주할 만큼 마라톤 매니아가 되었다. 지금도 이원장은 체력유지를 위해 보통 사람보다 서너 배나 많은 고기를 먹고 있다고 한다. 그런데 이상진 박사는 운동만 잘한 것이 아니라 성격도 좋았고 공부도 잘했다. 고기를 잘 먹는 사람이 성격도 좋은 과학적 이유는 주선태 교수의 '고기예찬'에 나오는 데, 나는 이것을 많은 학생들을 통해 경험적으로 잘 알고 있다.

채식은 편식, 육식이 균형 있는 식사

여러분들은 채식주의자들이나 환경운동하는 사람들의 일방적 주장이나 홍보에 지혜롭게 대처하여야 한다. 그들의 주장은 한편으로는 맞지만 다른 한편으로는 틀리기 때문이다. 몇 년 전 '슈퍼 사이즈 미'라는 다큐멘터리 영화가 전 세계적으로 큰 반향을 일으킨 적이 있다. '슈퍼 사이즈 미'는 감독 모간 스퍼록이 자신의 몸을 직접 실험해 제작한 모험적인 다큐멘터리로, 한 달 동안 패스트푸드만을 섭취해 그 폐단을 몸소 체험해 이를 영상으로 공개했다. 그리고 그 결과는 상상 이상이었는데, 실험을 시작한 지 며칠도 안 돼 스퍼록 감독은 소화불량과 복통을 호소하더니 나흘 만에 구토를 하기 시작하였다. 그리고 실험 3주차에는 고혈압과 콜레스테롤의 급격한 증가와 지방간 때문에 고통을 겪었다. 한 달 후 스퍼록 감독은 11kg이 늘었고, 실험 전 정상수치였던 콜레스테롤이 230까지 올라갔다. 일반적으로 누구나 이런 장면을 목격하면 패스트푸드가 정말 몸에 안 좋다고 확신하게 된다. 문제는 대부분 육식이 건강에 좋지 않다는 주장도 거의 모두 이런 극단적인 실험의 결과를 토대로 하고 있다는 점이다. 그런데 생각을 해보라. 그 어떤 누가 이렇게 극단적인 식사를 한단 말인가. 만약 이런 식으로 실험을 한다면, 세상에 존재하는 그 어떤 식품도 건강에 이로울 수 없다. 예를 들어 한 달 동안 건강에 좋다는 인삼만으로 식사를 한다면, 과연 한 달 후에 우리 몸은 어떻게 되겠는가?

최근 채식주의자들은 우리나라는 비만은 물론 당뇨, 고혈압, 대장암 등이 크게 늘었고, 특히 암 증가율 1위를 기록한 것이 대장암이라는 것을 지적하면서 대장암의 주된 원인이 바로 기름기 많은 육류 중심의 서구식 식생활 때문이라고 주장한다. 그런데 정말 우리나라 사람들이 서구식 식생활을 하면서 그들처럼 육류를 많이 먹는지 생각해 볼 필요가 있다. 물론 어느 정도 서구식으로 변한 것은 인정하나, 아직도 우리의 식단은 변함없이 한식이 주류를 이루고 있으며 육류의 섭취량은 서구 사람들에 비해 절반의 반도 못 미치는 수준이다. 따라서 우리나라 사람들의 대장암 발생율이 급증한 이유를 육류의 섭취량 증가로 몰고 가는 것은 매우 잘못된 주장이다. 오히려 패스트푸드와 각종 과자, 특히 빵의 소비량 증가에 주목할 필요가 있다. 라면, 스낵, 음료수 등의 소비량은 육류의 소비량 증가와는 비교가 되지 않는다. 그리고 이러한 식품들에는 착색제, 발색제, 표백제, 화학조미료, 화학감미료 등 우리의 건강과 부합하지 못하는 식품첨가제들이 너무 많이 들어 있다. 따라서 대장암 발생율의 증가 원인을 천연식품 소재인 육류에서 찾을 게 아니라 여러 가지 가공식품들에서 찾는 것이 훨씬 현명할 것이다.

 그러나 사람들의 건강한 먹거리에 대한 관심이 날이 갈수록 고조되면서 채식주의자들의 주장도 힘을 얻고 있다. 예를 들어 2008년 소비키워드로 '웰빙'과 '유기농'이 꼽혔는데, 유기농 상품의 경우 일반 상품보다 평균 2배 정도 높은 가격임에도 불구하고 불황 속에서도 매출이 크게 늘고 있다. 이러한 유기농에 대한 관심은 채식주의와 맞물려 '친환경 채식주의자' 즉, 에코테리언

(Eco+Vegeterian)의 열풍으로 이어지고 있다. 심지어 채식주의자들은 먹거리에 따라 성격도 좌우된다고 하면서 채식으로 우울증, 조울증 등의 치료가 가능하며 집중력, 기억력 등이 향상돼 학습능력도 높아진다고 주장한다. 그러나 이들의 주장을 자세히 살펴보면 비과학적인 구석이 너무 많다. 실제로 육식을 하는 것이 우울증 예방에 좋고 활발한 성격형성에도 효과적으로 작용하는데, 과학자들은 그 이유를 뇌속에서 만들어지는 세로토닌이라는 물질에서 찾고 있다. 세로토닌은 식물성 식품의 섭취로는 만들어지지 않으며 육류를 섭취해야 만들어지는 물질이다.

여러분들은 채식은 고기의 섭취를 절대적으로 금하는 편식이지만 육식은 고기뿐만 아니라 생선, 야채, 과일 등을 고루 섭취하는 균형식이라는 사실을 명확히 알아야 한다. 그리고 과연 어느 것이 우리의 건강을 위해 바람직한지 상식적이고 과학적인 판단을 하여야 한다. 나는 40년 동안 축산학과의 교수로 재직하면서 육류소비량과 국민 건강과의 상관관계를 연구하고 공부하였다. 수많은 학생들의 경우를 직접 체험하였고, 또 내 주변의 많은 경우도 눈여겨 보아왔다. 그리고 이제 나는 확신을 가지고 말할 수 있는데, 육식은 채식을 항상 이겨왔고 또 앞으로도 변함이 없을 것이라 확신한다.

Part 5 비만만은 절대로 피하라

나는 1986년에 처음 시작한 제자들의 결혼식 주례를 180번도 넘게 했다. 뿐만 아니라 제자들에게 장래의 배우자감을 소개하여 부부의 연을 맺게 해준 경우도 많은데, 이렇게 연을 맺어 준 부부들이 모범적인 가정을 이루면서 건강하게 잘 사는 모습을 보는 것은 스승으로서 느끼는 또 다른 행복이다. 그러나 제자들을 다른 이성에게 소개하다 보면 힘든 경우도 많이 있는데, 특히 소개하는 제자가 비만일 경우에는 일이 성사되기가 참 어려웠다. 분명 성격도 좋고 인물도 좋으며 장래도 촉망되는 제자인데, 단지 배가 나오고 비만하다는 이유 하나 때문에 아가씨들로부터 외면당하는 제자를 보면 씁쓸하기 그지없다.

비만한 제자들은 이성뿐만 아니라 졸업 후 직장을 구하는데 있어서도 많은 어려움을 겪는다. 이런 제자들은 서류심사나 필기시

험 등은 쉽게 통과하고도 면접에서 간간이 떨어지는데, 그 이유는 역시 비만한 사람은 게으르고 일을 잘 못할 것 같은 인상을 주기 때문이다. 실제로 대기업의 인사담당자들을 대상으로 한 조사에서, 면접 때 정상체중의 지원자와 비만의 지원자가 최종후보에 올랐다면 누구를 합격시키겠느냐는 질문에, 대부분 정상체중의 지원자를 선택하겠다고 답변했다고 한다. 또 비만자에 대한 인상을 묻자 '게으름' '나태' '무능' 등 부정적 인식이 많은 것으로도 조사됐다. 즉 우리 사회는 비만하면 자기관리를 못한다는 선입견을 강하게 갖고 있는 셈이다.

비만은 사회적 질병이다

여러분은 외모가 경쟁력이고 몸매가 한 사람에 대한 평가의 중요한 잣대가 된다는 사실을 명심하기를 바란다. 서글픈 일이지만 우리는 현재 외모지상주의 사회에서 살고 있으며, 비만은 한 사람의 사회적 지위를 다운시키는 핵심요소가 되었다. 따라서 건강을 위해서는 말할 것도 없고, 이런 사회에서 성공하기 위해서 비만은 꼭 피해야 하는 필수사항이다. 내 경험에 따르면 비만한 사람들은 대인기피증과 사회부적응, 의욕상실 등이 나타날 확률이 높고, 심할 경우에는 정신과 치료가 필요할 만큼 심한 우울증에 시달린다. 또 나는 지방흡입과 같은 수술을 받다 심각한 후유증에 시달리는 경우도 본 적이 있다.

내 조카 중에도 비만으로 인해 고통을 겪고, 그로 인해 인생이 바뀐 것 같아 지켜보는 나를 안타깝게 하는 녀석이 하나 있다. 그 녀석은 감수성 예민한 나이에 가정적으로 심한 스트레스를 받으면서 체중조절을 소홀히 하더니 비만의 아가씨가 되어 버렸다. 그리고 비만이 혼기를 놓친 가장 큰 이유가 된 그 녀석은 독신주의자를 선언하였고, 지금은 살을 빼서 날씬함에도 불구하고 결혼할 생각을 전혀 하지 않고 있다. 올해 38살인 그 녀석은 얼굴도 미인이고 직장도 훌륭하고 마음도 비단같이 예쁜데, 비만했을 때 받았던 마음의 상처들로 인해 이젠 완전한 독신주의자가 된 것 같아 안타깝기 그지없다. 최근 한 조사에 따르면 다이어트에 성공한 사람들에게 일상생활에서 가장 크게 달라진 점이 무어냐고 물었을 때, 80% 이상이 자기를 무시하지 않고 인정해주는 주위 사람들의 시선변화를 꼽았다고 한다. 자신의 몸이 건강해져서 좋다는 경우는 오히려 소수였다. 그만큼 비만 문제가 개인의 건강뿐만 아니라 개인에 대한 사회적 인식과 평가의 문제로까지 확산되고 있다.

여러분들도 다 알다시피 비만은 만병의 근원이다. 일단 우리 몸이 비만하게 되면 체내로 흡수되는 열량을 소모하는 능력이 떨어지고 운동능력까지 감소하게 된다. 그 결과 고혈압이나 당뇨 등 만성 질환의 위험에 무방비로 노출되게 된다. 따라서 비만은 이제 개인적인 문제를 떠나 범국가적인 문제로 인식되고 있으며, 지난 2003년 세계보건기구(WHO)는 '비만과의 전쟁'을 선포하기에 이르렀다. 비만은 더 이상 한 개인이나 한 나라의 문제가 아니라 세계 모두의 문제가 된 것이다. 실제로 조사에 따르면 전 세계 성인 가운데 10억 명이 과체중이고 전체 국민의 30% 이상이 과체중이며, 특히 청소년의 경우 5명 중 1명이 비만이라고 한다. 여기에 더욱 심각한 문제는 비만의 가속화가 너무 빠르게 진행되고 있다는 사실이다. 그래서 오늘날 비만은 '세계에서 가장 빨리 확산되는 질병'으로 불린다. 지난 10년 동안 세계의 비만인구는 두 배 가까이 늘어났는데, 이렇게 빠른 속도로 확산된 질병은 역사상 없었다. 그래서 사람들은 에이즈(AIDS)가 인류의 건강을 위협하는 20세기 최대의 질병이었다면, 21세기 최대의 질병은 비만이라고 경고하고 있다.

 ## 비만예방에는 특별한 각오가 필요하다

그렇다면 왜 현대인들은 비만이라는 질병에 시달리고 있는 것일까? 일반적으로 현대를 살아가는 남자들은 운동량은 적고 음주의 횟수가 많은 것이 비만의 주원인인 것으로 알려지고 있다. 또 전문직이나 사무직의 경우 앉아서 일하는 시간이 많은 것도 비만의 주요인이 된다. 물론 운동량의 부족 못지않게 고칼로리 또는 고지방 식사도 비만의 주요인이다. 따라서 우리가 비만하지 않기 위해서는 적당한 운동과 적절한 식사를 규칙적으로 하는 것이 꼭 필요하다. 하지만 스트레스가 많고 복잡한 일들에 시달리는 현대인들이 매일 이런 생활을 유지한다는 것은 말처럼 그렇게 쉽지만은 않다. 따라서 비만이 되지 않고 적절한 체중을 유지하기 위해서는 그 무엇보다 우선 대단한 각오의 결단을 해야 한다.

비만하지 않기 위해 가장 기본적으로 지켜야 하는 것이 규칙적인 생활이다. 그 중 가장 중요한 것이 일찍 자고 일찍 일어나는 것이다. 일찍 자면 밤참의 유혹도 없고 일찍 일어나게 되며, 시간 부족에 의해 아침 식사를 거르는 일도 없게 된다. 비만예방에 있어 다음으로 중요한 것은 규칙적인 운동이다. 비만이 섭취하는 열량을 모두 소비하지 못하기 때문에 발생된다는 것을 안다면 매일 많이 움직이는 것이 얼마나 중요한지 강조하지 않아도 누구나 알 것이다. 운동할 시간이 없다는 것은 사치스런 변명이다. 가능한 많이 걸어라. 엘리베이터를 타지 말고 계단을 이용하라. 저녁 식사 후에는 소파에 누워 TV를 보지 말고 무조건 밖으로 나와 동네를 한 바퀴 돌아라. 이런 사소한 것들이 여러분을 비만하지 않게 하는 기본이 된다는 것을 명심하길 바란다.

한편 비만예방에 있어 운동만큼 중요한 것이 먹는 식습관이다. 즉, 적게 먹고 많이 움직이는 것이 가장 좋은 비만예방법이다. 시중에는 수백 가지의 다이어트 방법이 있는데, 먹을 거 다 먹고 적게 움직이면서도 살을 뺄 수 있다고 강조하는 것은 모두 거짓이며 과대광고이다.

다시 한 번 말하지만 비만은 분명 병이다. 그것도 현대 사회의 가장 심각한 질병이다. 따라서 만약 여러분들 중에 자신이 비만이라고 생각되는 사람이 있다면 치료를 하여야 한다. 즉, 비만의 예방은 비만이 질병이라는 인식에서부터 출발해야 하며, 만약 자신이 비만이라면 심각한 병에 걸린 환자라는 사실을 인정하고 치료를 해야 한다. 비만치료 방법은 단순 명확하다. 적게 먹고 많이 움직이면 된다. 하지만 이것은 실행하기에 무척 어려운 일이다. 나는 비만 때문에 고생하다가 혹독한 다이어트를 통해 체중을 뺐지만 얼마 되지 않아 다시 살이 찌는 경우를 주변에서 많이 보았다. 한 통계자료를 보니 다이어트를 하는 여성들 1,000명 중 단지 50명만이 목표 체중까지 감량하는데 성공하고, 그 50명 중 5명만이 6개월 이상 그 체중을 유지하는데 성공한다고 한다. 다이어트 실패율이 99.5%에 달하는 셈이다. 이러한 수치는 암 치료의 실패율보다 더 높다. 따라서 여러분들은 비만예방만큼은 끈기와 노력, 강인한 의지가 필요하다는 것을 명심하고 특별한 각오를 통해 체중관리를 하기 바란다.

적게 먹고 많이 운동하라

그럼 비만하지 않기 위해서는 구체적으로 어떻게 해야 할까? 먼저 비만과 거리감 있는 식습관을 몸에 익히는 것이 중요한데, 식사는 규칙적으로 소식하는 것이 건강에 좋다. 나만 하더라도 먹을 것이 극도로 부족한 배고픈 시대를 살았기 때문에 음식을 남기는 것을 참지 못하고 모두 먹어치우는 것이 습관화되어 있는데, 이는 건강만 생각한다면 절대로 바람직하지 못하다. 차라리 건강을 위해서라면 배를 완전히 채우지 않고 아무리 앞에 있는 음식이 아깝더라도 남기는 것이 좋다. 포식을 하는 것이 습관화되면 식탐은 저절로 생긴다. 그리고 식탐은 과식과 폭식으로 이어지기 십상이다. 사람이 비만이 되는 가장 쉬운 방법이 과식이나 폭식을 하는 것이다. 따라서 이러한 나쁜 식습관을 고치기 위해서는 음식을 남기는 것을 습관화하는 것이 권장된다.

비만을 피하기 위해서는 고칼로리나 고지방 식품을 피하고 고단백질, 고섬유질 식품 위주로 식사를 하는 것이 좋다. 여기서 무엇이 고칼로리나 고지방 식품인지 정확히 알아야 하는데, 일반적으로 기름에 튀긴 음식이나 인스턴트 식품류들이 여기에 속한다. 고기를 예를 들어 설명하자면 햄버거나 삼겹살은 고칼로리나 고지방 식품이지만, 등심 스테이크나 수육은 고단백질 식품이라 할 수 있다. 따라서 비만을 피하고 건강에 좋은 식단이란 고섬유질의 채소류와 고단백질의 고기를 함께 먹는 것이라 할 수 있다. 예를 들어 돼지수육이나 등심구이를 상추에 싸서 먹는다거나 닭가슴살 샐러드를 먹는 것이 가장 좋은 건강식이다.

비만의 가장 큰 적은 야식이나 간식이라 할 수 있다. 야식이나 간식은 필요 이상의 열량을 섭취하는 것에 다름 아니다. 따라서 특별한 경우가 아니라면 야식이나 간식은 가급적 피하는 것이 좋은데, TV를 보면서 습관적으로 먹는 스낵류의 간식이나 늦은 밤에 라면 같은 인스턴트 음식을 먹는 것은 절대적으로 피해야 한다. 기름에 튀긴 인스턴트식품이나 당이 많이 들어 있는 음료수는 비만뿐만 아니라 대장암의 주요인으로 알려지고 있다. 인스턴트 음식의 인체 유해성은 한두 가지가 아니다. 무엇보다도 칼로리가 너무 높은데, 피자와 햄버거는 지방의 함량이 너무 높아 대표적

지방질식품인 삼겹살보다도 훨씬 칼로리가 높고 지방함량이 많다. 또 인스턴트식품은 흰 설탕을 많이 사용하여 제조되는데, 흰 설탕의 과잉 섭취는 비만, 당뇨, 심장병, 장내세균 증식, 면역기능 저하, 기생충 증가, 동맥경화 등의 요인이 된다. 따라서 비만하지 않기를 바라는 여러분들은 이제부터 인스턴트식품을 되도록 삼가하기를 바란다.

식후에는 설탕이 들어 있는 커피와 같은 음료를 피하고 가능한 열량이 적은 녹차 같은 차를 마시는 것이 비만예방을 위해 좋다. 오늘날 우리나라 소아비만의 주범은 당분이라고 해도 과언이 아니다. 어린아이들이 즐겨먹는 과자류는 기름에 튀기거나 설탕을 묻혀 놓은 것이 대부분이며 탄산음료수 등에도 당분은 빠지지 않고 들어 있다. 즉, 우리의 아이들에게 고열량을 공급하는 주범은 당분인 것이다. 이런 현상은 성인의 경우에도 크게 다르지 않다. 하루에 습관적으로 몇 잔씩 마시는 커피에도 필요 이상의 설탕이 들어 있어 우리를 비만의 늪으로 밀어 넣고 있다. 각종 주류도 고열량 음료이다. 따라서 술은 주 2회 이상 마시지 않는 것이 비만예방에 좋으며, 어쩔 수 없이 술자리에 가게 된다면 술과 함께 물을 같이 놓고 마시는 것이 권장된다.

비만을 예방하거나 치료하기 위해 갑자기 무리한 운동을 하거나 체중을 급속히 감량하는 것은 오히려 건강을 해칠 수 있다. 내 경우도 2년 전에 몸이 무겁게 느껴져 체중을 식이요법을 통해 5kg 정도 뺐다가 우울증세가 나타나 두세 달 동안 고생을 한 바 있다. 갑자기 음식물의 섭취량을 줄였더니 기운이 빠졌고, 기운이 없으니 삶의 의욕도 감퇴될 뿐만 아니라 충분한 숙면을 취할 수도 없었다. 그 결과 초기 우울증으로 진단받게 되었다. 따라서 40세 이상은 체중감량을 식이요법으로 단기간에 하는 것보다 다소 시간이 걸리더라도 운동을 통해 하라고 권하고 싶다. 나는 15년이 넘게 매일 아침 헬스클럽에서 1시간가량 운동을 하고 있으며, 일정한 체중을 유지하고 있다. 매일 규칙적으로 운동을 하는 것만큼 건강에 좋은 것은 없는 것 같다. 규칙적인 운동은 비만을 예방하는 효과가 있을 뿐만 아니라 삶에 생기를 불어넣어주는 활력소라고 할 수 있다.

나는 여러분에게 나와 같이 운동을 할 것을 적극 권하고 싶다. 나는 운동 8계명을 지키며 살고 있는데, 운동 8계명은 다음과 같다.

제1계명: 지나친 운동은 안 한다. 지나친 운동은 오히려 피로를 가중시키고 심하면 부상을 유발할 수 있기 때문이다.

제2계명: 철저한 준비운동과 정리운동을 한다. 준비운동은 근육을 풀어주고 부상을 방지하며, 정리운동은 피로해진 근육을 풀어주기 때문이다.

제3계명: 통증을 느끼면 운동을 중단한다. 통증이 느껴진다는 것은 몸에 무리가 있다는 증거이기 때문이다.

제4계명: 주치의 및 전문가의 조언을 받는다. 운동은 약과 같아 자신에게 적합한 운동을 찾아야 하기 때문이다.

제5계명: 흥미 있는 새로운 운동을 찾는다. 매일 같은 운동을 하다 보면 지겨워지고, 그 결과 흥미가 감퇴되어 운동 효과도 감소하기 때문이다.

제6계명: 함께 운동할 파트너를 구한다. 혼자보다는 같이 하는 친구가 있으면 즐겁게 오래할 수 있기 때문이다.

제7계명: 즐겁게 운동한다. 즐겁지 않으면 운동이 아니고 노동이기 때문이다.

제8계명: 운동일지를 기록한다. 운동의 진행상황과 결과를 확인할 수 있어 스스로 운동에 대한 동기를 부여할 수 있기 때문이다.

Part 6 운동에 이기적인 사람이 되라

우리 학과의 하정기 교수님은 정년퇴임하신 지 3년이 지났는데도 매주 지리산에 다니시며 천왕봉을 젊은이들 못지않게 오르내리신다. 하교수님은 젊었을 때부터 체력이라면 그 누구에게도 뒤지지 않으셨는데, 나이가 드셔도 튼튼한 체력을 계속 유지하실 수 있는 비결은 많이 걸어 다니시기 때문이다. 하교수님은 평생 자가용 승용차를 갖지 않으셨다. 대신 자전거나 통근버스로 출퇴근을 하셨는데, 머리가 하얗게 되신 후로는 주로 걸어 다니셨다. 하정기 교수님은 평생 핸드폰도 갖지 않으셨는데, 그 이유는 연구실이나 집에 전화기가 있기 때문이다. 누군가 급히 연락할 일이 있으면 집이나 연구실로 하면 된다고 생각하셨다. 하교수님은 핸드폰이 없어도 전혀 불편하지 않으셨다. 오히려 다른 사람들이 불편했을지 모르지만, 하교수님은 평생 자가용 승용차가 없어도 불편하지 않으셨다. 대신 그 덕분에 하정기 교수님은 돈도 절약하고 굵은 다리의 튼튼한 체력을 가질 수 있었다. 그런 점에서 보면 하교수님처럼 건강을 위해 이기적인 분도 없을 것 같은데, 건강이 인생에서 가장 중요하다면 하교수님은 분명 성공한 인생을 살고 있는 것이 확실하다.

오늘날 현대인들은 그 어떤 시대의 사람들보다 건강과 장수에 대해 관심이 높으며, 오래 살기 위해서라면 돈과 시간을 아끼지 않는다. 그런데 문제는 유병장수가 아닌 무병장수를 해야 한다는 사실이다. 즉, 사람이 죽는다는 것은 심장이 멈추거나 뇌의 기능이 상실되는 것을 의미하는데, 건강하다는 것은 단순히 심장이나 뇌가 그럭저럭 기능을 유지하는 것이 아니라는 말이다. 심장이 튼튼하게 박동하고 신진대사가 활발하며 두뇌가 활력 있게 기능하여 보람찬 삶을 오래 영유하는 것이 건강한 장수이고, 이것이 현대인들의 간절한 바람이다. 그런데 단순히 생명을 유지하기 위해서는 영양만 균형 있게 공급하면 되지만, 건강한 생명을 유지하기 위해서는 적당한 운동이 필수적으로 요구된다.

이제 정년퇴임을 앞두고 있는 나의 경험에 비춰볼 때, 이 적절한 운동이야말로 건강한 인생의 필요충분조건이다. 따라서 여러분들도 성공하는 인생을 살기를 원한다면 필히 적절한 운동을 매일 하라고 권하고 싶다. 어쩌면 하정기 교수님처럼 건강을 위해서라면 조금은 이기적일 필요가 있다고 생각된다.

운동에는 5가지 효과가 있다

　나는 매일 아침 1시간을 운동에 투자를 하고 있다. 그리고 아침에 1시간 운동하는 것이 내가 하루를 건강하게 살 수 있는 동력이라고 자신 있게 말할 수 있다. 이렇게 규칙적으로 운동을 하면 크게 5가지의 효과가 있는데, 그 중 첫 번째는 질병에 대한 저항효과이다. 즉, 규칙적인 운동은 사람을 활동적으로 만들어 몸에 원기와 에너지를 공급한다. 그리고 이를 통해 면역기능이 개선되어 면역세포가 신체를 통해 보다 빨리 순환하고 이것이 바이러스성 물질과 감염 물질을 파괴한다. 이러한 면역력의 개선은 질병을 예방하는 효과가 있어, 운동을 하면 감기처럼 작은 병에서 암과 같은 큰 병에 이르기까지 각종 질병에 잘 걸리지 않는다. 뿐만 아니라 운동은 혈압과 혈당을 낮춰주고, 고혈압과 당뇨병의 예방에 큰 도움을 준다. 또한 동맥경화, 지방간, 비만 등 각종 생활습관병의 예방 및 치료에 도움이 된다. 특히 골다공증을 예방하는 데에는 운동보다 좋은 것이 없다.

　운동의 두 번째 효과는 신체기능이 향상되고 발전되는 사실이다. 운동을 하면 심폐기능, 근 순발력, 근 지구력, 최대 산소섭취 능력 등이 증가한다. 이것은 운동능력의 증진과 활력 향상으로 이어지고, 뇌 혈액순환을 원활하게 하여 뇌의 노화를 막고 기억력을 향상시킨다. 또 중년의 남성들은 한번쯤 느껴보았겠지만 운동을 하면 성기능이 획기적으로 향상된다. 특히 달리기나 등산 등의 유산소 운동을 하면 산화질소의 분비가 촉진되는데, 유산소 운동은 산화질소가 성기의 해면체로 혈관이 유입될 수 있도록 혈관확장에 중요한 역할을 하기 때문이다. 이밖에도 운동은 남성호르몬의 분비를 왕성하게 하여 성욕을 증진시키고 다량의 엔돌핀을 분비하여 스트레스를 해소하는 기능을 한다. 따라서 운동을 하지 않고 변강쇠가 되기를 바라는 것은 마치 공부를 하지 않고 장학생이 되기를 바라는 것과 같은 것이라 할 수 있다.

성장기에 운동을 하면 키가 커지고 노년기에는 노화가 방지된다. 이것이 운동의 세 번째 효과인 호르몬 효과인데, 운동을 하면 신경계와 호르몬계가 자극되어 성장호르몬과 성장호르몬 분비를 자극하는 호르몬들이 많이 생성된다. 따라서 청소년기에 규칙적인 운동을 하면 그렇지 않는 청소년에 비해 성장호르몬의 분비가 활발하여 체격이 좋아지고 키도 커진다. 또한 운동은 남성호르몬의 분비를 촉진시켜 노화를 방지한다. 일반적으로 운동 강도가 최대 강도의 약 40%를 초과하면 성장호르몬이나 남성호르몬의 분비가 증가되기 시작하며, 운동 강도가 강할수록 성장호르몬의 분비가 증가한다. 따라서 어떤 경우에는 운동에 중독될 수 있기 때문에 흥미가 지나친 운동은 오히려 건강을 해칠 수도 있다.

운동의 네 번째 효과는 몸매가 건강형으로 바뀐다는 점이다. 일반적으로 우리의 몸은 나이가 들어가면서 팔과 다리가 가늘어지고, 몸통 특히 배만 볼록 나오는 복부 비만이 되는데, 이와 같은 복부 비만은 각종 성인병의 원인이 된다. 그런데 운동은 팔과 다리의 근육량을 증가시키고 뱃살을 줄여 주어 몸매를 좋게 만든다. 근육량이 증가하면 당(糖)대사가 활발해져 당뇨병에 걸리지 않게 되고, 기초대사량이 늘어 뱃살이 잘 찌지 않는다. 또한 노화에 따른 체형 변화의 하나가 꾸부정한 자세인데 운동을 꾸준히 하면 이런 자세도 피할 수 있다. 즉, 골다공증으로 척추가 납작해지면 키도 줄어드는데 운동을 하면 골다공증을 예방하고 치료하여 키가 줄어드는 것을 어느 정도 막을 수 있다.

마지막으로 운동의 효과 중 가장 극적인 것은 심리적으로 건강한 상태를 만들어 준다는 사실이다. 운동은 인간의 공격본능을 자연스럽게 발산시켜 스트레스를 해소함으로써 마음의 안정을 가져다준다. 여기에 덧붙여 운동은 단순히 기분을 좋게 하는 차원을 넘어 인지능력을 향상시킨다. 즉, 장기간 운동을 꾸준히 한 사람은 그렇지 않은 사람에 비해 두뇌기능이 뛰어나다. 또한 운동을 통한 신체의 건강이 자신감이나 자긍심으로 발전하여 정신건강에까지 좋은 영향을 끼치게 되어 대인관계도 좋아지게 만든다.

그러나 나이가 들어가면서 운동이 주는 가장 귀중한 효과는 우울증을 완화시킨다는 점이다. 보통 사람은 나이가 들어가면서 우울한 감정을 자주 느끼게 되는데, 이런 우울증은 노화를 촉진시키고 자살률을 높인다. 이런 자신감 결여는 노화의 한 현상이며, 노화를 촉진시켜 악순환을 되풀이하게 한다. 그러나 운동은 우울증을 완화하고 자신감을 회복하는데 매우 유효하다. 따라서 건강하게 나이가 들어가기 위해서는 필히 규칙적인 운동을 할 필요가 있다.

매일 30분씩 걸어라

　나는 현재 15년 동안 아침마다 헬스클럽에서 운동을 하고 있는데, 그 동안 헬스클럽에 등록한 지 한 달도 되지 않아 운동을 그만두는 사람들을 부지기수로 보아왔다. 그런 사람들은 처음 운동을 시작할 때 운동을 너무 거창하게 생각한 결과 쉽게 습관화시키지 못해 유야무야되는 경우가 대부분이다. 즉, 처음 운동을 시작할 때는 운동을 습관화시킨다는 것에 목적을 두고 걷기 등과 같이 쉽게 할 수 있는 것부터 시작하여야 한다. 그러니 여러분들은 먼저 운동하는 것을 습관으로 만든 다음에 하나씩 보다 구체적이고 체계적으로 운동하기를 바란다.

　보편적으로 운동은 유산소 운동, 근력 운동 및 유연성 운동으로 구분할 수 있다. 유산소 운동은 산소를 써서 근육을 천천히 오래 움직이는 운동으로, 몇 분만 운동을 해도 근육세포에서는 산소를 이용한 에너지 대사, 즉 산소대사가 활발히 일어난다. 그런데 유산소 운동은 운동 초기에는 탄수화물을 주원료로 쓰지만 약 20분이 지나면 지방을 연료로 쓴다. 따라서 뱃살을 줄이려면 최소한 지방이 에너지원으로 사용될 때인 20분 이상 운동을 해야 효과가 있다. 잠깐 격렬하게 운동하는 것보다 약한 운동이라도 오래하는 것이 좋다는 말이다. 유산소 운동을 꾸준히 하면 지방을 연소시켜 뱃살이 빠질 뿐만 아니라 심장, 폐, 혈관 등이 튼튼해진다. 대표적인 유산소 운동으로는 걷기, 조깅, 수영, 자전거타기, 등산, 에어로빅 체조 등이 있으며 스포츠댄스도 좋은 유산소 운동이다.

바쁜 현대인들이 시간과 장소에 구애를 받지 않고 비교적 쉽게 시작할 수 있는 유산소 운동은 걷기 운동이다. 사람은 활동하기 위해 당연히 걸어야 하지만 우리 현대인들은 이 당연한 걷기를 소홀히 하는 경향이 있다. 걷기 운동은 특별한 장비도 필요 없고 장소에도 구애받지 않으며 언제라도 할 수 있는 가장 쉬운 운동이다. 하지만 걷기 운동의 효과는 여러분이 생각하는 것보다 훨씬 커서 심장혈관의 건강뿐만 아니라 근골격의 건강이나 유연성의 개선에도 효과가 매우 높다. 세계보건기구의 운동 권고문을 보면 하루 30분 걷기 운동을 하면 당뇨, 심장병, 뇌졸중의 위험에서 벗어날 수 있다고 한다. 또 1주일에 5번씩, 하루 30분을 걸으면 심장마비와 당뇨, 골다공증의 발병 가능성을 낮춰 주며 관절염, 고혈압과 우울증까지 치료해 주는 탁월한 효능이 있다고 한다. 그러니 여러분은 매일 30분 이상 걷기를 습관적으로 하여 건강을 지키기를 바란다.

근육을 만들고 유연성을 길러라

근력강화 운동은 나이가 들어갈수록 더 필요한데, 그 이유는 근육은 나이가 40세를 넘어가면 점차 줄어들고 근력도 따라 줄어들기 때문이다. 나이가 들면서 근력이 감소하는 것은 성장호르몬 감소와 관련이 있으며, 남성호르몬 감소도 부분적으로 영향을 미친다. 따라서 멋진 남성을 잃지 않고 젊게 살고 싶다면 근력을 강화

하는 운동을 해야 한다. 대표적으로 쉽게 할 수 있는 근력강화 운동으로는 자신의 체중을 이용하는 팔굽혀펴기가 있으며, 아령 들기, 역기 들기, 헬스기구를 이용한 웨이트트레이닝도 보편적으로 알려져 있는 근력강화 운동이다.

보통 살을 빼기 위해 운동하는 사람들은 유산소 운동과 근력강화 운동을 병행하는 것이 좋다. 20분 이상 유산소 운동을 하면 체지방 연소가 더 빨리 더 많이 일어나는데, 근육은 에너지를 쓰는 곳이라 그만큼 열량을 많이 소모하기 때문이다.

집이나 사무실에서 손쉽게 할 수 있는 근력강화 운동은 앉았다 일어서기, 팔굽혀펴기, 윗몸일으키기 등이 있다. 앉았다 일어서기를 반복하면 허벅지 근육과 엉덩이 근육이 보기 좋게 발달하고 하체 근력이 좋아진다. 팔굽혀펴기는 가슴 근육과 팔 근육 및 배 근육 발달에 좋은 운동이다. 근력이 약한 사람은 근육에 힘이 붙을 때까지 마루나 바닥에 엎드려 높은 강도의 팔굽혀펴기를 하지 말고, 책상이나 걸상 또는 계단을 짚고 하는 것이 권장된다. 윗몸일으키기는 복근을 강화하는데 좋은 운동이다. 복근이 약한 사람이나 허리 통증이 있는 사람들은 윗몸일으키기를 하기가 힘들지만 이런 사람일수록 더 복근 운동이 필요하다.

유연성 운동은 관절과 근육을 부드럽게 풀어주는 운동으로, 유연성이 좋으면 요통이나 관절염, 오십견 등이 생기지 않고 운동능력이 좋아진다. 근육의 유연성을 늘리는 운동으로는 스트레칭, 맨손체조, 에어로빅, 스포츠댄스, 요가 등이 좋다. 한편 긴장과 스트레스는 근육 긴장을 가져와 근골격계 통증을 일으키고, 통증으로 숙면을 취하지 못하면 근육은 더욱 긴장하게 된다. 즐거운 마음으로 일하고 모든 일을 긍정적으로 생각하며 자주 크게 웃는 것 또한 스트레스를 줄이고 근육을 이완시키는 좋은 방법이다.

신체에 큰 부담을 주지 않고 할 수 있는 대표적인 유연성 운동은 맨손체조이다. 맨손체조는 특히 자세교정과 뱃속 장기의 제자리 찾기에도 큰 도움이 된다. 게다가 장소에 구애받지 않고 집안의 거실이나 사무실에서 손쉽게 할 수 있으며, 장거리 운전 때에는 차를 세운 후 도로에서, 또는 산책하다가 오솔길에서 할 수 있고 특별한 장비 없이 할 수 있다는 장점도 있다. 맨손체조를 할 때에는 심장에서 먼 신체 부위부터 시작하는 것이 좋은데, 왼쪽으로 4번 하면 오른쪽으로도 4번 하는 등 좌우 균형을 맞춰주는 것이 필요하다. 또 운동 전후에 5분씩 맨손체조를 하면 관절과 부상 방지에도 큰 효과가 있다. 요가 역시 특별한 장비 없이 집에서 할 수 있는 좋은 운동방법이다. 요가를 꾸준히 하면 심신의 정당한 이완을 가져와 숙면을 취할 수 있고, 다양한 자세를 따라하는 과정에 골격도 바르게 잡히고 오장육부가 튼튼해지는 효과를 얻을 수 있다.

운동은 확실히 건강한 육체를 위해 꼭 필요한 것이지만 운동을 할 때 꼭 유의해야 할 점도 있다. 내 경험에 비춰볼 때, 아주 춥거나 더울 때는 운동을 피하는 것이 좋다. 또 식사 전후 30~60분도 가급적 운동을 안 하는 것이 좋다. 뿐만 아니라 운동 전후 수분을 충분히 섭취하고, 운동 전에 신체 컨디션을 체크해 몸 상태가 좋지 않을 때는 무리해서 운동하는 일이 없도록 하는 것도 중요하다. 운동의 형태는 전신의 관절과 근육을 골고루 사용하는 것이 좋고, 운동 빈도는 1주일에 4~5회 이상 규칙적으로 하는 것이 바람직하다. 보통 개인의 체력과 특수성을 고려한 프로그램을 적용해야 하는데, 나의 경우 본 운동 전후 각각 5~10분씩 준비운동과 정리운동으로 스트레칭 체조를 한다. 그리고 운동 강도는 낮게 시작하여 점차적으로 증가시켜 나가고, 척추에 무리가 되거나 다칠 위험이 있는 운동은 가급적 피하는 것이 좋다.

Part 7 나이에 맞는 건강전략을 실행하라

요즘 나는 40년간의 대학생활을 정리하면서 정년퇴임을 준비하다 보니 내가 살아왔던 지난 세월이 자주 떠오른다. 가난했지만 꿈이 많았던 나의 20대는 좋은 아내를 만나 단란한 가정을 갖는 것이 인생 최대의 목표였다. 그리고 그런 아내를 만나 가정을 가진 30대에는 어떻게 하든지 번듯한 집 한 채를 가지고 경제적인 안정을 만드는 것이 목표였고, 40대에는 아들을 잘 교육시키는 것과 직장에서 인정받는 인물이 되는 것이 내 인생의 목표였다. 그리고 50대에 접어들면서 허리디스크 수술을 받고 나서야 건강이 나의 주요 관심사 중 하나가 되었다. 하지만 50대가 되어 시작했던 나의 건강관리는 그리 쉽지만은 않았다.

건강은 건강할 때 지켜야 한다는 말을 굳이 인용하지 않더라도 한 번 탈이 난 몸으로 건강을 유지하기 위해서는 몇 배의 노력이 필요했다. 이제 60대 중반이 되어 가까운 지인들의 투병소식이나 부고소식을 자주 접하다 보니, 젊은 날 내가 그렇게 중요하게 생각했던 일들보다 어쩌면 건강을 챙기는 일이 더 중요하지 않았을까 하는 생각이 든다.

박봉렬은 하나밖에 없는 나의 소중한 동생이다. 가난한 집안의 막내아들로 태어난 내 동생은 어렸을 때부터 경제관념이 투철했고, 또 성실히 일하는 것이 몸에 배어 평생을 새벽부터 밤늦게까지 우직한 소처럼 일만 했다. 나보다 아홉 살이나 어린 동생은 심성도 워낙 착했기 때문에 빤한 월급의 국립대학 교수인 형에게 용돈도 자주 주곤 하였다. 나는 동생이 일개미처럼 부지런히 사업을 하여 조금씩, 조금씩 부를 축적해 가는 것을 지켜보면서 한편으로는 건강이 걱정되기도 하였지만 참 대견하고 자랑스러웠다. 그래서 굳은살 박힌 동생의 투박한 손에 때가 잔뜩 묻어 있었어도 지인들에게 자랑스럽게 내 동생이라고 소개를 하였다. 그런데 그렇게 자랑스러웠던 동생이 4년 전에 뇌출혈로 쓰러져 반신불구가 되었다가 이제는 서서히 회복되고 있다. 하루도 빠지지 않고 부부가 함께 재활운동에 매달리는 모습은 보는 이들을 안타깝게 하지만, 한편으로는 무척 감동적이기도 하다. 이제 겨우 50대 중반인 나이인데, 그렇게 개미처럼 일해 이제 겨우 남부럽지 않을 만큼 살게 되었는데, 쓰러진 동생이 너무 안쓰러워 화도 나고 후회도 되었지만 이미 때는 늦어버린 후였다. 건강은 이렇게 냉혹하고 잔인한 것이다. 한 번 잃고 나면 원상태로 돌이키기 힘들며, 그래서 건강을 잃어버리는 것은 모든 것을 잃어버리는 것과 같다.

지혜로운 자가 건강을 얻는다는 말이 있다. 이 말은 반대로 해석하자면 우리가 살아가면서 매우 중요하게 여기는 부와 명예 또는 자녀교육이나 회사일 등에 정신이 팔려 건강을 잃는 것은 지혜롭지 못하다는 말이다. 그러나 대부분의 사람들은 20대에는 연예나 결혼에, 30대에는 부동산이나 주식 같은 재테크에, 40대는 아이들 교육이나 사회적 성공에 정신을 팔다가, 몸에 이상증상이 나타나기 시작하는 50대가 되어서야 비로소 건강에 관심을 갖기 시작한다. 보통 50대가 되면 몸이 예전 같지 않고 비만, 간경화, 당뇨, 고혈압, 고지혈증 등 각종 성인병 증상이 나타나기 시작한다. 그러다가 감기몸살이라도 걸리면 더럭 겁이 나고 뒤늦게 건강의 소중함을 깨닫지만, 어디에서부터 어떻게 건강관리를 시작해야 할지 막연해진다. 그렇다. 이미 온몸에 건강의 적신호가 켜진 50대에 들어 건강관리를 시작하는 것은 늦는 것이다. 그러니 여러분은 건강한 20대부터 나이에 맞는 건강전략을 짜서 평생 건강관리를 하면서 후회 없는 삶을 살아가기를 바란다.

20, 30대에 운동하는 습관을 길러라

일반적으로 20대나 30대에는 사회활동이 왕성한 시기로 스트레스, 운동부족, 불규칙적인 생활 등으로 몸에 지방이 쌓이기 시작한다. 20대에는 주로 학업과 취직 때문에, 30대에는 직장생활이나 출산과 육아 때문에 긴장이 연속되는 생활을 하게 된다. 또 이 시기에는 많은 사람들이 술이나 담배로 스트레스를 풀기 때문에 몸은 안팎으로 혹사를 당하기 쉽다. 그래서 얼굴에는 자주 피곤한 기색이 역력하며 뱃살은 날이 갈수록 찌기만 한다. 아침마다 피로 때문에 일어나기 쉽지 않으며 밤에는 종종 불면증에 시달리기도 한다. 하지만 아직은 젊기 때문에 체력적으로 버틸 만하다. 그러나 자칫 건강관리를 전혀 하지 않아 쓰러지는 사람들도 심심찮게 나타난다.

내가 20대나 30대의 제자들에게 권하고 싶은 건강관리 방법은 운동이다. 조깅, 빨리 걷기, 등산, 에어로빅 등으로 뱃살을 빼고, 근력 운동으로 근육과 뼈를 튼튼하게 해야 한다. 동창회 체육대회나 직장 체육대회 등에는 빠지지 말고 참석하는 것이 좋고, 조기축구회나 테니스동호회 등 의무감을 가지고 운동할 수 있는 단체에 가입하는 것도 좋은 방법이다. 20, 30대에는 아직 젊기 때문에 피로회복 속도가 빨라 많은 운동을 하여도 사회활동에 큰 무리가 따르지 않는다. 따라서 운동하는데 게으르지 않기를 바란다. 20, 30대에 운동하는 것을 습관화하면 40대나 50대에는 건강이 저절로 유지될 수 있다. 젊었을 때 미래를 위한 가장 훌륭한 투자는 운동하는 습관을 형성하는 일이다.

20대에는 젊은 체력이 뒷받침되어 과음하기 쉬우며 이로 인해 건강을 해치거나 사고를 당하는 경우도 많다. 따라서 과도한 음주를 경계하여야 하며 자신의 체력을 너무 과신하는 우를 범하지 않아야 한다. 특히 본격적인 사회생활을 시작하는 30대는 과음에 의한 알코올성 급성간염, 간경변과 바이러스성 급성간염, 간부전 등 간질환이 점차 늘어나기 시작한다. 따라서 평소 건강하다고 해도 금연, 절주, 운동, 식생활 개선 등에 신경을 쓰는 것이 필요하다. 또 20, 30대에는 원만한 가정생활이나 건전한 사회생활을 할 수 있도록 스스로 양식을 쌓고 인내하는 노력이 필요하다. 최근 조사에 따르면 20, 30대의 사망원인 1위가 우울증이나 스트레스로 인한 자살로 나타났다. 따라서 평안한 가정이나 원만한 사회생활을 할 수 있도록 노력하여 스트레스를 최소화하고, 만약 우울증이 있다면 적극적으로 치료해야 한다.

다른 한편 20, 30대에는 사고사가 많은 시기다. 나의 대학원생 중에도 지난 겨울에 눈이 쌓인 고속도로에서 교통사고를 당해 고인이 된 녀석이 하나 있다. 또 작년 여름에는 우리 연구실의 한 녀석이 K2를 등반하다가 그곳에 묻히는 일이 발생했었다. 그런 사고들은 우리 주변에서 종종 발생하는 일이지만, 두 녀석(고 문상훈, 고 박경효) 모두 너무나 착하고 순박한 청년들이었기에 아깝고 불쌍하여 나의 가슴이 미어졌었다. 그렇게 미어지는 가슴으로 제자들의 장례식장에 서 있는 것은 정말 견디기 힘든 일이다. 그래서 나는 제자들에게 나보다 먼저 세상을 등지는 녀석들은 나쁜 녀석들이라고 단호히 말한다. 그건 부모의 가슴뿐만 아니라 스승의 가슴에도 못질을 하는 것과 같은 것이기 때문이다. 따라서 20, 30대에는 왕성한 활동력을 가진 만큼 안전사고에 대한 경각심도 가지길 바란다. 짧고 굵게 사는 것도 좋지만 어떤 경우에는 가늘고 길게 사는 것이 현명한 것일 수 있다.

40대에는 절주하고 필히 금연하라

　불혹의 나이 40이 되면 젊었을 때의 체력이 하루가 다르게 감퇴되는 것을 느끼게 된다. 똑같은 일을 해도 피로가 빨리 많이 쌓이고, 또 회복되는 속도도 오래 걸리는 것에 실망하여 자칫 삶의 의욕도 떨어진다. 그러나 사회적으로는 가장 활동력 있게 일해야 하는 직책에 오르고, 그런 만큼 책임감이나 스트레스도 많아진다. 하지만 운동을 하기에는 시간도 체력도 뒷받침되지 않고, 몸매는 이제 완연한 아저씨, 아줌마가 되어간다. 인생의 반환점을 도는 시기인 40대, 이제 겨우 인생의 절반을 살았는데 친구의 부고장을 받고 당황하기도 한다.

　우리나라 40대의 사망원인 1위는 간질환이다. 이는 20대부터 시작된 음주의 결과가 20년이 지나면서 발현되기 때문이다. 따라서 여러분들은 적어도 30대 중반 이후부터는 과도한 음주를 피해야 한다. 1차, 2차, 3차까지 이어지는 술자리, 더구나 폭탄주조차 마다 않는 과도한 음주문화는 30대에서는 호기일지 몰라도 40대로 접어들면 죽음을 부르는 손길이 되기 쉽다. 내 제자들 중에도 40대나 50대에 운명을 달리하여 나를 슬프게 하는 경우가 종종 있는데, 그런 제자들의 대부분은 애주가들이었다. 그렇게 친구들과 또는 회사동료들과 잦은 술자리를 갖고 과음하는 것을 즐겨하면 사회적으로 인간관계가 좋은 사람이 되고 또 성공을 할 수 있을지는 모르지만, 남겨진 아내나 어린 자식들에게는 치유되지 않는 죄를 짓게 되는 셈이다. 따라서 여러분들은 40대에는 필히 절주하기를 바란다.

술은 마시되 독을 마셔서는 안 된다. 이 말은 술로 인해 자신을 해치고 술로 인해 타인을 불편하게 하고 술로 인해 세상을 탓하게 된다면, 술은 즐거움의 술이 아닌 치명적인 독이라는 뜻이다. 내 경험에 비춰보면 술은 사람을 불러오고 사랑을 불러오고 즐거움을 불러오기도 하지만, 때로는 싸움을 불러오고 자멸을 불러오기도 한다. 따라서 여러분은 절대로 술에 빠져 세상으로부터 외면당하지 않기를 바란다. 또 술에 지쳐 일상으로부터 추방당하지도 말아야 한다. 우리의 일상에 있어 술은 비타민 같은 것이어야 한다. 너무 많이 취하지도 말고, 너무 멀리 할 필요도 없다. 필요할 때마다 적당히 마시고 그것으로 인해 삶의 윤활유가 되어야 한다. 여러분은 절제가 되는 술은 비타민이 될 수도 있고 삶의 에너지가 될 수도 있지만, 절제가 되지 않는 술은 독이 된다는 것을 명심하길 바란다.

40대부터는 심장질환의 발생도 증가하기 시작한다. 고혈압, 협심증, 관상동맥 질환과 같은 심장질환은 한 번 발생하면 사망 위험도가 매우 높은 질병이다. 일반적으로 40대나 50대에 발생하는 심장질환은 남성이 여성보다 3배 이상 높기 때문에 남성들이 더욱 조심해야 한다. 특히 고혈압은 심장병이나 뇌졸중의 직접적 원인이 되기 때문에 혈압을 주기적으로 체크하는 것이 바람직하다. 고혈압은 대부분 자각증상이 없으므로 반드시 정기적인 신체검사를 통해 확인하기를 바란다.

40대에 하는 운동은 심혈관계 질환의 예방과 비만치료에 효과가 매우 크다. 내가 40대에게 추천하고 싶은 운동은 걷기, 달리기, 수영, 줄넘기, 자전거 타기 등과 같은 심폐지구력 운동이며, 근력 운동과 유연성 운동도 병행하면 훨씬 건강한 몸을 유지할 수 있다.

　40대에는 당장 금연을 실행에 옮겨야 할 때다. 비록 금연을 하기에는 다소 늦은 감이 있지만, 이제 더 이상 담배를 피우는 것은 자신과 가족에 대한 무책임한 행동이라는 것을 깨달아야 한다. 그만큼 40대의 금연은 남은 인생의 건강과 직결된다는 말이다. 40대에 금연을 한다는 것은 최소한 20년간 흡연을 하였다는 것을 의미하는데, 지난 20년간 여러분의 몸은 담배연기로 인해 고통을 받을 만큼 받아왔다. 흡연이 40대나 50대에 나타나는 심혈관계 질환 등 각종 질병의 직접적인 원인이라는 것은 굳이 다시 말하지 않겠다. 문제는 의지의 정도이다. 20대나 30대에는 사회적으로 자리를 잡기 위해 동분서주하여야 하기 때문에, 또 아직은 정신적으로 미성숙하고 육체적으로 건강하기 때문에 흡연이 어쩌면 용서될 수도 있다. 하지만 이제 사회적으로 자리를 잡은 불혹의 40대에는 보다 책임감 있는 성숙한 모습을 보여야 한다. 흡연의 유혹을 감당하지 못하는 것은 불혹의 나이값을 못하는 것과 같다. 따라서 40대의 흡연자들은 자기 자신이나 사랑하는 가족들에게 용서받지 못하는 죄를 매일 지으며 살고 있다는 사실을 기억하길 바란다.

50대에는 질병을 예방하고
60대에는 질병과 애인이 되라

　50대는 육체적으로 슬픈 시기이다. 건강했던 몸에 각종 질병이 하나 둘씩 나타나기 시작하며, 정신적으로도 인생의 허무감을 자주 느끼게 된다. 뭔가 특별히 해놓은 것도 없는데 점차 은퇴에 대한 압박감이 몰려오고, 친구나 동료들이 허망하게 쓰러지는 것도 자주 목격하게 된다. 눈은 노안이 와서 돋보기안경이 필요하고, 머리카락은 어느새 백발이 되어간다. 자식들은 장성하여 결혼을 한다고 하고, 거울에 비친 자신의 얼굴에는 주름살과 검버섯이 하루가 다르게 늘어만 간다. 이제 은퇴 후를 생각하여 건강관리를 해야 되겠다고 절실히 느끼지만, 왠지 너무 늦은 것 같고 무엇을 어떻게 해야 되는지 몰라 자포자기하고 싶어지기도 한다.
　40대와 마찬가지로 50대에도 여전히 간질환 발생이 많이 일어나지만 뇌혈관질환, 특히 뇌졸중이 급격히 증가한다. 뇌졸중의 주요인은 흡연, 음주, 비만, 스트레스, 고혈압, 당뇨, 고지혈증 등이며 대부분 심장질환과 그 원인이 같다. 뇌졸중이 무서운 것은 사전 감지가 힘들 뿐만 아니라 한번 뇌졸중이 발생하면 치료를 하여도 예후가 나쁘다는 점이다. 따라서 뇌졸중은 그 어떤 질병보다 예방이 특히 중요하다. 예방의 기본은 평소 생활습관을 바르게 가지는 것이며, 특히 매일 꾸준하게 운동을 하면 그만큼 발병을 억제할 수 있다.
　50대에는 직장암, 대장암, 위암 등의 발생도 증가하기 때문에

50세 이후에는 매년 장내시경 검사를 하는 것이 바람직하다. 나는 정기검진의 중요성을 그 누구보다 강조하는데, 내 주변에도 나의 강권으로 대장내시경 검사를 받으러 갔다가 마침 대장암 초기가 발견되어 생명을 건진 경우가 있다.

우리 학과의 전진태 교수도 감기몸살로 병원에 갔다가 위암을 발견하고 천만다행으로 목숨을 건졌다. 이렇듯 암은 초기에 발견하는 것이 생사를 가르는 결정적 단초가 되기 때문에 정기적으로 검진하는 것이 매우 중요하다. 따라서 여러분도 최소한 2년에 한 번씩 위장내시경과 대장내시경 검사를 받기 바란다.

한국인의 평균 수명은 남자가 73세이고 여자는 80세라고 한다. 따라서 50대인 사람은 앞으로 20~30년의 여생을 질병 없이 건강하게 더 살아야 하는데, 그러기 위해서는 50대가 건강한 생활습관을 교정할 마지막 연령대라는 것을 명심해야 한다. 만약 여러분이 늦었다고 생각한다면 그것은 결코 늦은 것이 아니다. 우리 주변에는 늦은지도 모르고 생활하는 사람이 너무나 많기 때문이다. 한편 50대 중반을 넘어서면 자녀들이 결혼을 하기 시작하는데, 자식이 결혼을 하여 분가를 하면 대부분의 사람들이 정신적인 공황을 경험하게 된다. 따라서 이런 시기에는 부부가 서로 의지하며 함께 운동하는 것이 서로의 건강을 위해 바람직하다.

보통 사람들은 60세를 넘어서면 노년이 시작된다는 것을 체감하기 때문에 오히려 자신의 건강에 대해 차분한 마음을 가질 수 있게 된다. 주변에서 질병에 걸리는 사람들이 많아지고 자신도 거기에서 예외가 될 수 없다는 것을 인정하는 담대함이 생기는 시기도 이때이다. 60대가 되면 장기간에 걸쳐 진행되어 온 암, 뇌혈관 질환, 심장질환 등과 같은 질병에 의한 사망이 급격히 증가한다. 이 시기는 아무리 생활습관을 고친다 하더라도 이미 진행된 각종 퇴화 현상으로 질병의 발병을 원천적으로 막기 어렵다고 할 수 있다. 하지만 질병은 피할 수 없다고 해도 바른 생활을 지속적으로 유지한다면 수명은 충분히 연장시킬 수 있다. 즉, 질병이 와도 두려워하지 말고 질병과 함께 생활한다는 자세를 견지하는 것이 건강관리의 중요 포인트이다.

60대의 5대 사망 질환은 뇌혈관 질환, 기관지 질환, 위암, 심장질환, 간질환이다. 이 중 위암이나 심장질환은 발생을 막거나 조기 치료가 그나마 용이한 편이다. 따라서 정기적인 위내시경 검사를 통한 위암의 조기발견이 중요하고, 또 정기적인 심장검사를 하는 등 심장질환의 조기치료에 적극적으로 대처하는 것이 필요하다. 물론 당뇨와 고혈압 역시 더 이상 악화되지 않도록 생활관리에 주력해야 한다. 보통 60대에는 정년퇴직 이후 개인시간이 많으므로 가벼운 운동을 규칙적으로 하는 등 시간표를 만들어 건강관리를 체계적이고 적극적으로 하는 것이 건강한 장수에 큰 도움이 된다. 또한 노년이 되면 고품질 영양성분의 균형적인 공급이 더욱 필요한데, 특히 고급단백질을 많이 섭취하는 것이 면역력 향상이나 세포의 노화를 억제하는 데 필수적이기 때문에 채식 위주의 편식보다는 육식을 정기적으로 하는 것이 매우 중요하다.

2 건강한 정신

What is a successful life is a healthy life

마음의 병을 지배하라. •정신적 여유를 만들어라. •많이 베풀고 감사하라. •남의 눈치를 보지 말라. •마음껏 웃기고 웃어라. •평안한 가정을 만들어라. •끝없이 자기를 사랑하라.

What is a successful life is a healthy life

Part 8 마음의 병을 지배하라

누구나 인생을 살다 보면 힘든 시기를 겪게 된다. 나의 경우는 2년 전 우울증에 걸려 약물 치료하는데 소요된 1개월과 후유증이 없도록 생활훈련(마인드 콘트롤 훈련)하는데 소요된 2개월, 모두 합쳐 약 3개월 정도가 내 인생에서 가장 힘든 시기였던 것 같다. 아니, 지금 와서 생각해 보니 그건 힘들었다는 표현보다는 위험했었다는 표현이 더 적합할 듯싶다. 나의 우울증은 체중감량을 위해 시작했던 다이어트가 원인이었는데, 다이어트로 인한 체력저하가 식욕저하 및 의욕감퇴로 이어져 걷잡을 수 없는 우울증에 빠져들고 말았었다. 그 당시 나는 식욕이 전혀 없어 체중이 급격히 빠졌을 뿐만 아니라 정신적으로도 불안정하여 말이나 행동이 평소와는 사뭇 달라 보였기 때문에 주변 사람들은 정말 큰 일이 나는 줄 알았다고 한다. 재미있는 것은 그

때 내가 치명적인 암에 걸렸다고 소문이 난 것인데, 그건 내가 우리 학교 의과대학 교수님들의 도움으로 일반병동이 아닌 비교적 조용한 암센터 특실에 3일간 입원했었기 때문이다. 이건 나중에 안 사실이지만 그래서 많은 사람들이 나를 이제 곧 죽을 사람처럼 불쌍한 눈빛으로 쳐다보았다고 생각하니 웃음이 나온다.

일반적으로 건강한 몸에 건강한 정신이 깃든다고 말한다. 그러나 반대로 건강한 정신에 건강한 몸이 깃들기도 한다. 그래서 우리는 일상에서 건강한 정신을 유지하는 것이 무엇보다 중요하다. 하지만 복잡한 현대 사회를 살아가는 우리는 다양한 스트레스로부터 자유로울 수 없기 때문에 건강한 정신을 항상 유지하고 사는 것이 그리 쉽지는 않다. 그래서 최근 우리나라도 우울증이 사회적인 큰 문제로 대두되고 있다. 경제난과 가정해체, 노령화, 실업, 직장에서의 과도한 스트레스, 가치관 변화 등 복합적인 사회문제로 우울증에 시달리는 사람이 급증하고 있는 셈이다.

실제로 건강보험심사평가원에 따르면 2007년 병원에서 치료를 받은 우울증 환자만도 52만 명에 달하고, 병원 치료를 받지 않는 숫자까지 합친다면 우리나라의 우울증 환자는 최소 200만 명 이상으로 추정된다고 한다. 하지만 많은 사람들이 정신질환에 대해 편견을 가지고 있을 뿐만 아니라 우울증에 대한 인식이 부족하여 제대로 된 치료를 받지 않고 있다. 또 보통 우울증 등으로 정신과 치료를 받으면 기록이 남아 취직과 보험가입이 어렵기 때문에 심각한 우울증 환자들조차 병원 찾기를 꺼려 문제를 더 키우는 경우가 많다.

흔히 우울증은 '마음의 감기'라고 말한다. 그건 누구나 몸의 컨디션이 안 좋으면 쉽게 감기에 걸릴 수 있는 것처럼 우울증도 마음의 컨디션이 안 좋으면 누구나 쉽게 걸릴 수 있는 병이기 때문이다. 이 마음의 병은 정신이상이나 의지력이 약한 사람만이 걸리는 것이 아니라 누구나 감정의 균형을 잃게 되면 쉽게 걸릴 수 있는 병이다. 이를테면 나의 경우처럼 심하지 않더라도 보통 사람들은 일생 동안 한두 번쯤 우울증을 겪게 된다. 그러나 처음 경미한 우울증이 나타났을 때 잘 대처하면 다음에 또 우울증이 나타날 확률이 줄어들지만, 대부분은 제대로 대처하지 않고 그냥 넘어가기 때문에 두 번째, 세 번째 더욱 심각한 우울증을 경험하게 된다. 현재 우리나라 사망원인 중 1위는 암이며, 2위는 뇌혈관 질환, 3위는 심장 질환, 그리고 4위가 자살인데, 자살의 대부분이 우울증 때문에 발생한다. 특히 20, 30대는 질병보다 자살에 의한 사망률이 더 높아 2008년 20대와 30대의 사망원인 1위가 자살이었다. 따라서 여러분은 나이가 들수록 육체적인 건강을 챙기는 것처럼 나이가 젊을수록 정신의 건강을 챙기길 바란다.

나를 숨기지 말고 드러내 표현하라

아무리 건강한 사람이라도 살다 보면 육체에 병이 날 수 있듯이 마음에도 병이 자연스럽게 찾아올 수 있다. 문제는 이렇게 마음의 병이 찾아왔을 때 슬기롭게 대처하지 못하면 육체적 질병보다 더

한 결과를 초래할 수 있다는 사실이다. 따라서 여러분들은 우울증이라는 마음의 병에 대해 보다 관심을 가지고 현명하게 대처하기를 바란다.

내 후학 중에도 진상근 교수가 한때 우울증에 걸려 고생을 한 적이 있으나, 자신과 가족들의 노력 및 주변 사람들의 도움으로 완벽하게 극복한 적이 있다. 내 생각에 진교수는 완벽주의적 성격을 가져 매사 세심하게 챙기고 일처리도 깔끔해야 직성이 풀리는 편인데, 갑자기 감당하기 힘든 너무 많은 복잡한 일들이 동시에 생기는 바람에 우울증에 걸렸던 것 같다.

그런데 보통 사람들은 우울증에 걸리면 이를 정신질환이라 생각하여 부끄럽게 여기고 다른 사람들에게 감추려고 한다. 그러나 몸이 아프면 가족이나 친구들이 함께 걱정하며 치료하듯이 우울증도 진교수의 경우처럼 주변의 가까운 사람들과 함께 걱정하고 이겨내기 위한 노력이 필요하다. 나도 우울증에 걸렸을 때 진교수에게 스스럼없이 도움을 청했는데, 우울증을 극복했던 진교수의 경험은 나에게 큰 도움이 되었다. 그때 진교수는 시간만 나면 나를 찾아와 점심 식사를 같이 하면서 많은 이야기들을 나눴는데, 그렇게 사랑하는 제자와 도란도란 이야기를 나눈 것은 우울증 극복에 큰 도움이 되었을 뿐만 아니라 나의 뇌리 속에 소중한 추억으로 남아 있다. 따라서 여러분들도 만약 자신이 우울증에 걸렸다고 생각된다면 빨리 가족이나 가까운 사람들에게 알려 도움을 요청해야 한다. 우울증은 약물과 생활 치료를 병행하면 90% 이상 치료가 가능한 질병이다. 하지만 우울증의 심각성을 깨닫지 못해 스스로 주변 사람들에게 알리지 않거나 병원을 찾지 않는다면 우울증은 점점 치료하기 힘들어질 정도로 심각해진다는 것을 명심하길 바란다.

전문가들에 따르면 우울증은 사람들의 잘못된 고정관념과 다양한 스트레스 때문에 유발된다고 한다. 즉, 사람의 도리라고 믿고 있는 잘못된 고정관념을 바꾼다면 우울증에서 충분히 벗어날 수 있다는 말이다. 여기서 잘못된 고정관념이란 세 가지로 뭔가 잘못했거나 부도덕한 행동을 저질렀을 때는 죄책감을 가져야 한다는 생각, 슬픈 사건이나 비극적인 사건에 접했을 때는 두렵고 참기 힘들어해야 한다는 생각, 다른 사람의 고통이나 불행을 보면 슬퍼하거나 우울해야 한다는 생각이다. 바로 이러한 잘못된 관념 때문에 사람들은 자신을 탓하고 불쌍하게 여기며, 남을 지나치게 연민하게 되어 우울증이 유발된다고 한다. 특히 예의범절과 타인의 시선을 중시하는 우리나라 사람들은 감정표현이 어색하고 서투르며, 또 감정을 참고 억제하는 교육을 어려서부터 받아왔기 때문에 더욱더 심리적인 병에 걸리기 쉽다. 따라서 우울증에 걸리지 않거나 극복하기 위해서라면 가급적 자신의 감정을 억제하지 않고 있는 그대로 표현하며 사는 것이 좋다. 특히 화가 나면 분노를 어떤 형태로든 표출하는 것이 좋으며, 웃음도 참지 말고 가급적 밖으로 드러내는 것이 마음의 병에 걸리지 않는데 매우 유익하다.

우울증의 또 다른 유발요인은 일상생활에서 겪게 되는 다양한 형태의 스트레스다. 스트레스는 우리를 둘러싼 외부환경, 즉 경제불황, 실직, 과도한 업무, 경쟁적 대인관계, 건강 문제 등으로부터

오기 때문에 현대인이라면 아무도 피해 갈 수 없다. 스트레스는 마치 공기 중에 퍼져 있는 바이러스와 같아 사람들이 숨을 쉴 때마다 정신 속으로 침투해 들어와 우울증이라는 질병을 감염시키게 된다. 따라서 스트레스가 피할 수 없는 병원균이고 우리 사회가 이러한 병원균을 완전히 퇴치할 수 없는 사회라면, 여러분들의 정신은 이 스트레스라는 바이러스를 이겨낼 예방접종이나 항생제가 필요하다. 손자병법에 적을 알고 나를 알면 백전백승이라는 말이 있다. 마음의 병과의 전쟁에서도 마찬가지이다. 그 무엇보다 자기 자신을 정확하게 아는 것이 매우 중요하다. 따라서 여러분들은 나는 어떤 사람인가, 내 성격은 어떤가, 내 장점과 약점은 무엇인가 하는 것들에 관심을 가지고 스스로 자기의 모습을 자연스럽게 인정해야 한다. 다시 말해 여러분의 정신을 스스로 지배하고 다스리는 것이 스트레스를 이겨내는 가장 효과적인 치료약이자 예방접종이라는 사실을 명심하기 바란다.

같이 아파하고 함께 시간을 보내라

나의 경우나 진교수의 경우처럼 우울증은 혼자서 이겨낼 수 있는 병이 아니다. 가깝게 있는 가족이나 친구들의 도움과 조언이 꼭 필요하다. 따라서 만약 여러분의 주위에 우울증 환자가 있다면 정확한 진단과 치료를 받게 하여야 하며, 호전이 없을 경우 다른 치료를 받도록 조언을 아끼지 않아야 한다. 그러나 진짜 중요한 것은 마음을 다해 같이 아파하고 치료하는 자세를 보이는 일이다. 이는 환자를 이해해주고 인내해주고 공감해주고 격려해주는 것을 말한다. 가급적 우울증 환자와 적극적으로 대화하고 주의 깊게 그의 이야기를 경청해야 한다. 그런 점에서 나는 참 인복이 많은 행복한 우울증 환자였다고 생각한다. 우리 주변에는 종종 우울증으로 인해 목숨을 버리는 경우도 있는데, 만약 우울증 환자가 자살에 대해 말할 때는 절대로 묵살하지 말고 반드시 의사에게 알려야 한다. 그리고 자주 산책을 같이 하거나 야외로 바람을 쐬러 가거나 영화를 같이 보는 등 적극적으로 같이 시간을 보내는 것이 바람직하다. 또 우울증 환자가 즐겨하는 취미나 운동, 종교생활이나 문화활동이 있다면 함께 해주는 것도 권장된다.

우리의 정신은 식생활이나 운동습관에 의해서도 크게 영향을 받을 수 있다. 맛있는 음식을 먹으면 행복해지고 신선한 공기의 숲속을 걷다 보면 정신이 맑아지고 기분이 좋아지는 것처럼, 우울증이라는 마음의 질병도 생활습관을 잘 관리하면 치유될 수 있는 병이다. 보통 우울증에는 설탕이나 초콜릿 같은 단 음식을 삼가는 것이 좋은데, 이렇게 단 음식들은 사람을 쉽게 피곤하게 만들고 우울한 기분을 더 많이 느끼게 만들기 때문이다. 또 보통 사람들은 스트레스 해소를 위해 담배를 피운다고 하지만, 흡연자가 비흡연자보다 우울증 발생비율이 2배나 높다는 사실은 의미하는 바가 크다. 그리고 커피나 홍차, 콜라와 같이 카페인이 많이 함유된 음료들도 우울증을 가중시키기 때문에 피하는 것이 좋다.

반대로 감자, 호도, 달래와 같은 음식들은 우울증 치료에 도움을 주는 음식으로 알려져 있다. 감자에는 항산화 효과가 높은 비타민C가 풍부하고 부신피질호르몬의 생산을 촉진하는데, 부신피질호르몬은 우리의 몸을 스트레스로부터 지켜주는 중요한 역할을 한다. 감자는 또 뇌의 작용을 정상적으로 지켜주는 비타민B1도 풍부하기 때문에 불안과 초조, 스트레스에 시달리는 현대인에게 매우 권장할 만한 식품이다. 호도는 불면증이나 노이로제에도 효과가 커서 정신불안을 해소하는데 도움이 된다. 비타민과 무기질을 골고루 함유하고 있는 것으로 알려진 달래는 특히 비타민C와 칼슘이 풍부한 알카리성 식품으로 신경안정에 효과적이다.

보통 우리 체내에 오메가3 지방산이 많이 부족하면 우울증에 걸리기 쉬운데, 오메가3 지방산은 등푸른 생선에 많이 들어 있다. 또 물은 인체의 노폐물을 제거하고 신진대사를 원활히 해주기 때문에 우울증을 해소하기 위해서는 물을 자주 많이 마시는 것이 좋다. 또한 따스한 햇볕을 쬐면 대뇌가 활력을 느끼며 각종 신경물질을 생산해 내기 때문에 우울증이 어느 정도 해소될 수 있으며, 하루 30분 이상 규칙적인 운동 역시 불안감을 해소하고 적극적인 마음을 갖게 만든다.

여러분들은 정신이 건강해야 몸도 건강하다는 말을 잊지 말기 바란다. 만약 여러분들의 마음속에 분노, 미움, 슬픔, 두려움 같은 감정이 가득 차 있다면 절대로 건강할 수 없다. 그러나 반대로 마음속에 웃음, 긍정, 기쁨, 평화와 같은 감정이 풍부하다면 분명 여러분은 건강할 것이다. 여러분의 육체는 정신을 대변하며, 건강한 정신은 여러분의 육체를 변화시킨다. 따라서 여러분은 매사를 긍정적으로 바라보는 훈련이 필요하다. 여러분의 말과 생각이 바뀌면 행동이 바뀌고, 행동이 바뀌면 습관이 바뀐다. 그리고 그렇게 건강한 습관이 결국 여러분을 성공하는 인생으로 이끈다는 사실을 명심하길 바란다.

Part 9 정신적 여유를 만들어라

오늘날 우리는 매우 복잡하고 바쁘게 돌아가는 현대 사회를 살아가고 있다. 그래서 주변을 둘러보면 바쁘지 않은 사람이 단 한 사람도 없고, 모두가 미친 듯이 앞만 보고 달리는 경주마들처럼 보이기도 한다. 특히 20대에서 50대 사이의 많은 사람들이 워크홀릭(Workholic)에 빠져 있는데, 사람이 일중독에 빠지면 자신의 존재가치가 일을 하는 것에 있기 때문에 친구는 물론 가족까지 멀리하는 경향을 보인다. 이런 사람들은 대부분 가정보다 일이 더 중요하고, 집보다 사무실이 더 편하기 때문에 여가시간이 생겨도 사무실에서 보내는 것을 좋아한다. 그러나 한참 일을 할 나이에 열심히 일을 하는 것은 당연하지만, 그렇다고 일 속에 파묻혀 여가시간마저 즐기지 못한다면 불행한 사람이다. 일로 인해 삶의 질이 향상되는 것이 아니라 오히려 일로 인해 삶의 균형이 깨지기 때문이다.

　그런 점에서 나는 내 친구 중에 삶의 여유를 가장 잘 즐기며 살고 있는 김천석 원장을 존경한다. 김천석 원장은 경상대학교 수의학과를 졸업한 후 원광대학교 약학대학을 마쳤고, 다시 조선대학교 치과대학을 졸업하였다. 수의사에서 약사로, 다시 치과의사로 변신한 김천석 원장의 이력은 그가 얼마나 치열하게 삶을 살아왔는지 짐작하게 한다. 하지만 그렇게 바쁘게 살아 온 그가 가족이나 친구들을 위해 할애하는 시간은 보통 사람들의 배가 넘는다. 또 그는 매일 이른 아침에 산보를 하고 규칙적인 등산을 하는 등 자신의 건강을 위해서도 시간을 아끼지 않는다. 현재 진주에서 고려치과를 운영하면서 사회봉사활동에도 많은 시간을 투자하는 그를 보면 정말 시간이 없을 정도로 바쁘게 사는 것 같지만, 정작 그의 삶에는 넉넉한 여유가 넘친다. 그래서 나는 그를 통해 진정한 삶의 여유는 계획적으로 바쁘게 사는 것을 통해 만들어진다는 것을 깨닫게 되었다.

　보통 일에 빠져 사는 사람들은 잠자는 시간을 제외한 거의 모든 시간에 일을 하면서 보내며 스스로 만족해한다. 하지만 그런 사람들은 대부분 자신의 건강은 차치하고라도 친구들과의 관계나 원만한 가정생활 등 어느 하나 정상적으로 이끌지 못한다. 즉, 그렇게 미쳐 있는 일이 자신의 삶을 혹사시킬 뿐만 아니라 오히려 성공을 더디게 만든다. 그렇다고 한참 일을 할 젊은 시절에 열정적으로 일하지 말라는 것은 아니다. 일할 나이에 정열적으로 일하는 것은 꼭 필요한 것이다. 하지만 일과 나머지 생활에 대한 시간 분

배를 잘 하는 것이 더욱더 중요하다. 나는 여러분들이 일에 이끌려 다니는 삶이 아니라 일을 지배하는 여유롭고 성공적인 삶을 살기를 바란다.

여유의 시간을 만들어라

우리는 그 어느 때보다 복잡하고 바쁜 현대 사회를 살아가고 있기 때문에 더욱 계획적으로 시간을 아껴 여유의 시간을 만들어야 한다. 이렇게 복잡한 현대의 삶에 있어서 여유로운 마음을 가지고 사는 것은 사회적인 성공뿐만 아니라 건강을 위해서도 매우 중요하기 때문이다.

우리의 몸은 정신과 마음의 산물이다. 매사에 여유를 가지고 웃음과 기쁨이 넘치는 생활을 한다면 육체의 건강을 유지할 수 있을 뿐만 아니라 그 어떤 질병도 이겨 낼 수 있다. 이 말은 우리의 삶에서 가급적 스트레스를 받지 않는 마음을 가지는 것이 건강을 지키는 가장 중요한 요인이라는 뜻이다.

사람이 마음의 여유를 갖지 못해 스트레스를 받으면 갖은 질병에 시달릴 수밖에 없다. 통계에 따르면 심장병의 75%가 스트레스와 관련이 있으며, 이밖에도 당뇨병, 고혈압, 천식, 소화성궤양, 과민성대장증후군, 비만, 우울증, 수면장애, 공포증, 신경성피부염, 암 등이 스트레스 관련 질병으로 꼽힌다. 과도한 스트레스는 단백질, 칼륨, 인 등의 배설을 증가시키고 칼슘의 저장을 줄어들게 만든다. 또한 스트레스로 인한 내분비계통의 호르몬 분비, 과도한 자유유리기(Free Radical)의 분비는 세포나 면역기능의 이상을 유발할 가능성이 크다. 특히 스트레스에 따른 술과 담배의 증가나 수면부족과 치료에 대한 의지 감소 등이 부정적인 생활패턴을 형성해 면역력을 감소시키는 주요 원인으로 작용한다. 바로 이 면역력 감소 때문에 암의 주요한 원인이 스트레스라고 말한다.

반대로 여유롭고 긍정적인 마음을 유지하는 일은 몸에도 좋은 영향을 끼치며, 질병을 이겨내는 근본적인 힘이 된다. 암을 극복한 사람을 대상으로 한 설문조사에 따르면 53%가 암의 원인을 스트레스로 답했고, 암과 싸워 이겨낼 수 있는 가장 강력한 무기는 '암은 반드시 낫는다! 나는 암을 이겨낼 수 있다!' 는 확신이라고 꼽았다.

병은 마음에서 오고 마음을 다스릴 때 가장 강력한 치유 효과가 생기는 법이다. 이 때문에 몸의 병을 치료하는 것은 물론 환자의 마음까지 함께 치료하는 의학 분야도 생겼는데 엔도르핀, 도파민 등 신경전달물질의 방출을 돕는 마음치료를 병행하면 몸의 자연 치유력이 더욱 증진된다.

나는 40년간 학생들을 가르치면서 같은 상황이나 같은 고통의 조건에서도 학생들마다 각각 받아들이는 정도에 차이가 있는 것을 자주 목격하였다. 이것은 몸과 마음은 긴밀히 연결되어 있어, 심리적 상태가 뇌파에 영향을 미쳐 호르몬의 분비에 차이를 나타내기 때문이다. 사람들은 마음이 편하고 집중이 잘 될 때 뇌파의 파동이 느려진다. 반대로 뇌파의 파동이 빠르고 높으면 마음이 심란해지고 에너지 소모도 많아진다. 그런데 명상은 뇌파를 느려지게 하고 외부 의식의 감각에서 벗어나 육체적 피로를 쉽게 극복하게 해준다. 또한 명상은 육체를 편안한 상태로 유지해 질병에 대한 예방 능력도 키워준다. 명상은 깨어 있지만 아주 고요하고 정적인, 새로운 의식 상태에 돌입하는 과정이라고 할 수 있다. 따라서 나뿐만 아니라 여러분들도 명상을 통해 스트레스를 자연스럽게 털어내고 스스로를 존중할 수 있게 되기를 바란다.

항상 좋은 일만 생각하라

나는 또 여러분이 긍정의 힘을 믿고 목적이 이끄는 삶을 살기를 바란다. 마음의 건강은 몸의 건강과 직결되어 있기 때문에 여러분은 항상 자신이나 자신의 삶을 긍정적으로 바라보아야 한다. 바쁜 일상에서 마음의 여유를 찾고, 그럼으로써 육체적인 건강을 유지하는 첫 걸음이 바로 긍정의 힘에 있기 때문이다. 또 삶의 목적을 만들고 그 목적에 동기가 부여되면 의욕이 상승하여 여러분의 꿈이 의외로 쉽게 이뤄질 수 있기 때문이다. 항상 좋은 생각만 하면서 최선을 다해 사는 사람에게는 좋은 일만 나타나기 마련이다. 따라서 우리는 스스로 마음속에 긍정의 마인드를 심어야 한다. '나는 이번 시험에서 반드시 합격을 할 것이다.' '우리 가족은 서로 의지하며 힘을 합쳐 이 난관을 잘 극복해 낼 것이다.' 항상 이러한 긍정적인 마인드를 갖고 있으면 자신의 행동 역시 긍정적이고 적극적인 태도로 바뀌고, 그 결과는 좋아질 수밖에 없다.

반대로 고민거리는 빨리 정리할수록 좋다. 먼 곳을 항해하는 배가 풍파 없이 조용히 나아갈 수 없듯이 우리 인생에도 고민거리가 없을 순 없다. 하지만 늘 즐겁게 웃으며 사는 사람이 있는가 하면 언제 보아도 고민이나 걱정거리가 가득한 얼굴로 살아가는 사람들이 있다. 이 두 부류의 차이는 고민을 안고 살아가는 것과 고민을 그때 그때 정리하며 살아가는 것에 있다. 고민거리를 늘 머릿속에 두고 사는 습관은 매우 잘못된 것이다. 식사를 할 때도 친구를 만날 때도 일을 할 때도 늘 어떤 고민으로부터 자유롭지 못하기 때문에 모든 면에서 좋지 않은 결과가 나타날 수밖에 없다. 문제는 이 같은 고민 상태가 너무 오랫동안 지속되다 보면 소화불량이나 두통, 무기력증 등의 증세가 나타나 육체적인 병이 유발되고 심하면 자살로 이어질 수도 있다.

고민은 누구나 살아가는 동안 짊어져야 할 최소한의 짐 같은 굴레이다. 따라서 여러분은 고민거리가 생길 때마다 그때 그때 정리해 버리는 습관을 가지길 바란다. 그리고 만약 그 고민거리가 혼자 힘으로 감당하기 어려울 때는 가족이나 친구 동료들에게 도움을 청하는 것이 현명하다. 한 가지 분명한 것은 아무리 힘든 고민거리라도 시간이 지나면 모두 별것 아니었다는 것을 알게 된다는 사실이다.

따라서 우리는 일상에서 일희일비(一喜一悲)할 필요가 없다. 새옹지마(塞翁之馬)라는 말이 있듯이, 살다 보면 좋은 일만 또는 나쁜 일만 반복될 수는 없다. 오히려 우리의 삶은 어려운 고비의 연속일 수 있다. 그런데 그때마다 일희일비하면 장기적인 삶의 목적에 부합되지 않는 결과로 이어질 수 있다. 우리의 인생은 마라톤과 같기 때문에 한 가지 일이 잘못됐다고 인생 전체를 회의에 빠뜨리는 것은 바보 같은 짓이다. 작은 전투에서는 지더라도 궁극적인 전쟁에서는 이기는 지혜가 필요하다. 그러기 위해서는 사소한 자극에 예민해지는 것을 경계해야 한다. 어떤 일을 추진하다 보면 예상치 않은 벽에 부딪히게 되는데, 그것에 예민하게 대응하는 것은 자신이 없는 것처럼 보일 수 있기 때문이다.

실수도 마찬가지다. 일을 하지 않으면 실패도 없다고 했다. 그러므로 곁가지로 나타나는 현상에는 초연할 필요가 있으며, 빈대를 잡으려다 초가삼간 태우는 우도 범해서는 안 된다. 여러분은 사람의 희망은 절망보다 강하고 사람의 기쁨은 슬픔보다 강한 거라는 것과 영속적이라는 것을 명심하길 바란다.

삶의 여유를 즐겨라

나는 여러분이 마음의 여유를 가지고 때로는 느림의 철학을 즐길 줄 알기 바란다. 우리가 살고 있는 현대 사회는 모든 분야에서 빠른 속도를 원하기 때문에 많은 사람들이 '빨리빨리 증후군'에 노출되어 있다. 하지만 무엇이든 '빨리빨리'를 외친다고 해서 좋은 것만은 아니다. 신중을 기해야 하는 일은 그만큼 충분한 시간을 두고 서서히 해결해 가야만 실수나 오류가 생기지 않기 때문이다. 따라서 여러분은 아무리 세상이 바쁘게 돌아간다 할지라도 일에서 뿐만 아니라 일상생활에서도 심사숙고하여 결정을 내리고 행동할 수 있는 여유를 갖기를 바란다.

느림의 철학을 즐기기 위한 가장 좋은 방법은 산책을 즐기는 것이다. 혹자는 바쁜 시간에 산책을 하는 것이 시간낭비라고 느낄 수 있겠으나 산책이야말로 가장 시간을 아껴 쓰는 방법이다. 산책을 통해 육체의 피곤을 해소할 수 있을 뿐만 아니라 체계적인 시간계획을 세워 효율적으로 집중할 수 있기 때문이다. 산책을 할 때는 마음을 비우고 자연을 바라보면서 계절을 마음껏 느끼는 것이 좋다. 천천히 걷다 보면 발걸음이 가벼워지는 만큼 머리가 맑아지고 마음이 가벼워지는 것을 느낄 것이다. 조용히 한 발 한 발 내디딜 때마다 미움을 버리고 욕심을 덜어내고 고독을 씻어버려야 한다. 그러면 산책을 하는 동안 마음이 평온해지고, 그 평온해진 마음은 행동을 조심스럽게 만들고, 그 행동은 여러분의 좋은 인격으로 이어지게 된다.

내가 김천석 원장을 좋아하는 또 다른 이유는 미식가인 그 친구로 인해 나도 맛있는 음식을 자주 먹을 수 있기 때문이다. 맛있는 음식을 찾아다니며 먹는 것처럼 삶을 풍요롭게 하는 것도 드물다. 그래서 나는 음식에 대한 사랑처럼 진실된 사랑은 없다고 생각한다. 사람은 남녀노소를 막론하고 먹지 못하면 문제가 발생하는데, 식욕이 없다는 것은 건강에 문제가 있다는 것과 같은 말이다. 즉, 건강에 있어 잘 먹고 잘 배설하는 것만큼 중요한 일은 없으며, 먹는 즐거움이란 그 무엇과도 바꿀 수 없는 행복이다. 그만큼 맛있는 음식을 먹는 것은 육체적인 건강과 정신적인 건강 두 가지 모두에 있어 중요하다. 따라서 여러분은 절약하며 살더라도 한 달에 두세 번 정도는 맛있는 식당을 찾아다니며 행복한 시간을 갖기 바란다.

나 자신도 아직 실행하지 못했지만 앞으로는 그럴 계획이 있는데, 종종 여행을 떠나는 것도 삶을 여유롭고 풍요롭게 만드는 좋은 방법이다. 그런데 시간을 내어 여행을 떠나기 위해서는 매우 계획적으로 열심히 일을 해야 한다. 체계적이고 효율적으로 일하는 사람만이 여행을 위한 시간을 만들어 낼 수 있다. 우리는 여행을 통해 보다 넓은 세상을 배우게 된다. 우리가 생활하는 공간은 우리의 모든 세계가 아니기 때문에 우물 속 개구리로 살아가기 쉽다. 따라서 젊었을 때 세상이 얼마나 넓고 얼마나 다양한지, 그리고 얼마나 많은 사람들이 살아가는지 보고 느끼고 체험하는 것은 인생에서 그 무엇과도 바꿔서는 안되는 너무도 중요한 일이다.

시간을 한가하게 보내거나 말초신경을 자극하는 그런 여행은 진정한 여행이 아니다. 여유로운 마음으로 가벼운 발걸음을 통해 더 많은 것을 접하고, 그것을 통해 여러분의 생각이 바뀌고 마음의 평안을 얻는 유익한 여행을 자주 하길 바란다.

그러나 진정한 삶의 여유를 즐기기 위해서는 욕심을 버릴 줄 알아야 한다. 나는 요즘 40년간의 대학생활을 정리하면서 욕심을 버리고 미련 없이 떠날 준비를 하고 있다. 떠나야 할 때를 아는 것은 현명한 것이라고 했다. 사람의 욕심은 끝이 없는 것으로 부리면 부릴수록 커지고, 욕심이 커지면 커질수록 그만큼 그 사람의 인격은 추해 진다. 따라서 어떤 조직에서든지 자신이 가진 지위와 권력 앞에서 떠날 때를 스스로 알고 미련 없이 떠나는 사람은 존경의 대상이 된다. 그러나 내가 욕심 없이 떠나려는 것은 그렇게 존경의 대상이 되고 싶어서가 아니다. 욕심을 버리고 미련 없이 떠나야만 나머지 나의 삶을 여유롭게 제대로 즐길 수 있을 것 같기 때문이다. 그러니 여러분도 이 정도면 됐다라고 느낄 때, 아니 조금만 더 할까라는 미련이 생길 때, 마음을 비우고 훌쩍 떠날 수 있기를 바란다. 남은 자들이 박수칠 때 떠나는 것이 현명하게 잘 사는 방법이다.

Part 10 많이 베풀고 감사하라

긴장성 근육통 증후군(TMS; Tension Myositis Syndrome)이란 것이 있다. 어떤 질병이나 외상도 가지고 있지 않은데 근골격계에 갖가지 원인 모를 통증이 나타나는 것으로, 정신적 긴장으로 인한 심인성 통증을 뜻한다. 즉, 분노나 불안과 같은 감정을 무의식적으로 억압하면 비정상적인 자율신경계 활동이 유발되고, 그 결과 국지적인 혈액순환이 악화되어 근육통, 신경통, 마비감, 쑤심, 무력감, 진통 등이 나타난다. 우리가 '홧병'이라고 부르는 것이 대표적인 TMS이며, 스트레스로 인한 두통, 요통, 근육통 등도 모두 TMS의 결과이다. 특히 두통의 70~80% 이상은 심인성 두통인데, 이런 심인성 통증은 결국 마음이 몸을 빌려 통증을 통해 스스로의 병을 드러내는 것이다. 따라서 마음속 원인을 찾아 치유하면 TMS의 통증을 근본적으로 해결

할 수 있는데, 이를 위해서는 평소 평안한 마음을 유지할 수 있는 습관을 형성하는 것이 매우 중요하다.

베푸는 마음을 가져라

사람은 남을 위해 뭔가 좋은 일을 하면 기분이 좋아지고 마음도 평안해진다. 그래서 사회적으로 봉사를 많이 하는 사람이나 남모르게 기부를 많이 하는 사람들은 그만큼 마음이 풍요롭고 행복하기 때문에 얼굴 표정도 항상 평안해 보인다. 그런데 베푸는 삶을 살기 위해서 경제적으로 꼭 부유할 필요는 없다. 오히려 비록 경제적으로는 다소 부족하더라도 마음만 풍요로우면 베풀며 살 수 있다. 우리 주변에도 그렇게 베풀며 사는 사람들을 종종 볼 수 있는데, 내 경우에는 나의 어머니가 바로 그런 분이셨다.

나는 어렸을 때부터 보따리 장사를 하시는 어머니 밑에서 가난을 경험하며 자랐다. 얼마나 가난에 한이 맺혔으면 아들만은 부자로 살라고 내 이름을 구부(久富: 오랫동안 부자로 살아라)라고 지을 정도였다. 하지만 그렇게 가난한 살림살이에도 불구하고 어머니는 우리보다 더 가난한 사람들에게 항상 베풀며 사셨다. 그래서 우리집은 늘 우리보다 더 가난한 사람들의 집합장소였고, 어머니는 그런 분들을 귀한 손님으로 접대하는 모습을 직접 행동으로 보여주셨다. 지금 생각해 보니 어머니는 그렇게 나누고 베푸는 삶의 중요성을 어린 우리 형제자매들에게 체험적으로 교육하셨던 것 같다. 내가 어렸을 적부터 어머니는 명절 때마다 나의 손을 잡고 떡이나 사과를 사서 고아원이나 양로원 등에 이름을 밝히지 않고 전달하고 돌아오는 일을 평생 동안 하셨다. 그래서 그러한 모습을 보고 자란 나는 어머니가 돌아가신 지금도 그 일을 계속하려고 노력하고 있다. 어머니는 떡이나 사과를 전달하고 돌아오는 행복을 어린 나에게 교육하신 것이었다.

고기도 먹어 본 사람이 잘 먹는다고 기부를 하는 것도 해 본 사람이 더 잘한다. 베푸는 기분을 모르는 사람은 아무리 경제적으로 부유해도 나누지 못하는 법이다. 반대로 아무리 경제적으로 어려워도 나누고 베푸는 것이 습관이 된 사람은 조금이라도 나누고 베풀 수 있다. 그렇다. 분명 베푸는 것은 습관인 것이다.

내가 경상대학교 기획연구처장을 할 때였다. 당시 학교에는 기부체납으로 건축하고 있던 남명학관이 건축을 맡았던 회사가 IMF 여파로 도산하는 바람에 공사가 4년간이나 중단되어 있어 학교의 근심거리로 전락되어 있었다. 나는 총장님의 의중을 받들어 재시공을 위한 제2차 모금을 시작했는데, 1차 모금기부자였던 부산교통의 조옥환 사장님과 남성당한약방의 김장하 회장님이 1차와 2차를 합쳐 총 13억과 12억씩 각각 기부를 하였고, 그 결과 남명학관의 건축이 훌륭하게 마무리될 수 있었다. 당시 두 분 다 IMF의 후유증으로 경제적 여건이 좋지 않았음에도 불구하고, 남명학관의 중요성을 듣고 흔쾌히 거액을 기부하셨다. 이렇게 살아오는 동안 땀 흘려 애써 모은 돈을 어떤 일에 선뜻 내놓기란 그리 쉽지 않다.

최근 우리 축산학과는 장학사업을 위한 학과발전기금을 모금하고 있는데, 고 박충생 교수의 사모님이신 최효자 여사께서 1억 원을 기탁하시겠다는 의사를 밝혀왔다. 남은 여생을 홀로 살아가야 될 분이 1억 원을 기부하는 것은 분명 쉬운 일이 아니다. 그런데 이렇게 의미 있는 일에 돈을 기부하는 것은 마치 웃음바이러스처럼 강한 전파력을 가지고 있다. 그래서 나 또한 일정 금액을, 그리고 나머지 학과 교수들도 얼마씩 모아 기탁하기로 결정했다. 이뿐만이 아니다. 많은 축산학과 동문들이 10만원, 100만원씩 자발적으로 모금에 참여하고 있는데, 나는 이들이 돈이 남아돌아 기부하는 것이 아니라는 것을 잘 알고 있다.

법정 스님은 삶은 순간순간이 아름다운 마무리이며 새로운 시작이어야 한다고 말했다. 참으로 공감되는 말이다. 그러니 여러분들도 아낄 때 아끼더라도 살아가면서 순간순간 나누고 베풀며 살기를 바란다. 특히 경제적으로 어려움에 처해 있는 이들을 도와주는 것은 훌륭한 나눔이다. 나눔은 실천이며 그 실천은 아름다움이고 행복이다. 자신보다 더 어려운 사람의 처지를 생각하며 큰 것이 아니더라도 도움을 줄 수 있는 사람은 그만큼 마음이 풍요로운 사람이기 때문에 행복할 수 있다.

세상에는 우리가 알고 있는 것보다 더 많은 이들이 가난과 질병으로 고통받으며 살고 있다. 그러니 나와 내 가족만 풍요롭고 행복하면 된다는 생각에서 벗어나야 한다. 불우한 이웃을 돕고 봉사를 실천하는 것은 특별한 사람만 하는 것이 아니다. 또 경제적으로 풍요로워야만 가능한 것은 아니다. 작은 것일지라도 함께 나눈다는 그 자체가 중요하다. 따라서 여러분은 나눔과 베품이 곧 자신의 행복이라는 것을 명심하고 그 행복을 느끼는 일이 습관이 되길 바란다.

절망하지 말고 고난을 즐겨라

인생을 살다 보면 누구든지 참을 수 없는 고통과 난관에 부딪히게 된다. 그리고 어떤 경우에는 그 고통과 난관이 너무 심해 차라리 죽어 버리는 것이 좋겠다는 어리석은 생각을 하기도 한다. 하지만 우리는 삶이 힘이 들수록 절망하거나 포기하지 말아야 한다. 우리가 희망을 붙들고 있는 한 시간이 지나면 모든 것이 다 잘 될 것이고, 희망의 끈을 놓지 않는 한 기적도 얼마든지 일어나는 것이 이 세상이기 때문이다. 그러니 여러분은 아무리 힘든 고통과 난관에 부딪힌다 하더라도 절대로 절망하지 않기를 바란다. 절망은 스스로 자신을 포기하는 일이고 사랑하는 가족에 대한 무책임한 일이다. 그러나 절망이 진짜 나쁜 이유는 그 다음이 없다는 사실이다. 미래가 없는 끝이기 때문이다.

나도 한때 죽고 싶을 만큼 힘들었던 때가 있었다. 결혼 후 12년 만에 처음으로 집을 장만했던 1982년도였다. 중학교 교사생활을 하던 아내와 나는 어렵사리 저축한 돈에 대출금을 보태 드디어 집을 장만하게 되었는데, 마침 그때 동생의 사업이 부도가 나는 바람에 보증을 섰던 우리는 집을 등기도 못해 보고 날리게 되었었다. 집을 날린 것은 그렇다 치고 빈털터리가 된 나는 월급마저 차압당할 처지에 놓였었다. 지금 생각해 보면 내가 어떻게 그 암담했던 터널을 뚫고 나왔는지 모르겠지만, 한 가지 분명한 건 나에게는 미래에 대한 희망이 있었다. 그 희망의 원천은 장모님의 조언과 아내의 신뢰였다. 장모님은 아직 너희는 젊고 더 큰 일을 해야 되며, 돈은 언제든지 다시 모을 수 있다고 실의에 빠진 나를 격려하셨다. 그리고 그런 내가 희망의 끈을 놓지 않도록 아내는 내 곁을 지키며 큰 힘이 되어 주었다. 그 후 비록 우리는 20년 가까이 경제적으로 어려움을 겪어야 했지만, 그 일을 계기로 우리 가정은 경제적으로 더욱 단단해질 수 있었다. 결국 장모님과 아내로 인해 내가 절망하지 않고 희망을 붙들고 있었기에, 그 길고 긴 고난의 터널을 빠져 나올 수 있었다.

이렇듯 우리의 삶에서 희망은 영원한 기쁨과 보람이 된다. 최근 미국의 각종 매스컴에서 집중적으로 조명받은 바 있고, 세계 출판업계에서 자기계발서 부문의 모든 기록을 갈아 치운 책이 있다. 바로 '시크릿'이란 책으로 우리나라에서도 베스트셀러가 되었다. 시크릿의 핵심은 매우 단순하다. 긍정적인 생각과 간절한 믿음이 만나면 그것이 현실이 된다는 것이다. 이러한 믿음은 건강에 대해서도 마찬가지다. 우리의 육체는 정신의 산물이기 때문에 감사하는 마음이나 할 수 있다는 믿음 또는 웃음과 기쁨과 같은 감정이 질병을 이겨내는 힘이 된다. 희망적이고 긍정적인 마음가짐이 미래의 성공은 물론 건강까지 책임진다는 말이다.

경상대학교 농학과의 최진용 교수는 나의 가장 친한 평생 친구이다. 이 친구는 칠삭둥이로 태어나는 바람에 콤플렉스를 가질 만한 외모를 가졌음에도 불구하고 당당하고 당차게 인생을 살아왔다. 내가 이 친구를 좋아하고 존경하는 이유는 이 친구가 매사에 절망하지 않고 긍정적인 자세를 견지하며 강직하게 살아왔기 때문이다. 그래서 나는 그와 친구인 것을 매우 자랑스럽게 생각해 왔는데, 10년 전 이 친구가 위암에 걸렸었다. 그러나 내 친구 최진용 교수는 위를 통째로 잘라내고 그 힘든 항암치료를 받을 때도 절대 절망하지 않았다. 그는 힘들게 병상에 누워 있으면서도 당시 하고 있던 연구를 계속해야 한다는 희망을 버리지 않았다. 그때는 생명이 위태로운 상황에서 일할 생각만 하던 그 친구가 바보 같았지만, 지금은 그 친구의 그런 바보 같은 희망 때문에 지금까지 잘 살고 있는 것이라는 생각이 든다. 희망은 그런 것이다. 우리의 허약한 육체는 희망이라는 영양제를 먹어야 버틸 수 있는 것이다.

'피할 수 없으면 즐겨라' 라는 말이 있다. 세상은 사람의 의지에 따라 그 모습이 변하기 때문에 동일한 상황에서도 어떤 사람은 절망하지만 어떤 사람은 여유 있는 마음으로 행복을 즐길 수 있다. 즉, 우리가 처해 있는 상황은 우리의 마음에 따라 전혀 다르게 느껴진다는 것이다. 따라서 아무리 힘든 상황이라도 즐기겠다고 덤벼들면 충분히 즐길 수 있는 상황이 될 수도 있다.

그런데 내 제자들 중에도 힘들게 취직한 직장을 몇 달도 못 버티고 그만 둬 나를 안타깝게 하는 경우가 종종 있었다. 하지만 이직이나 전직은 더욱 어려운 일이고, 그래서 구관이 명관이라는 말이 직장생활에서도 통용된다. 즉, 절박한 이유 때문이 아니라면 새로 직장을 옮겨 봐야 크게 달라질 것이 없다는 뜻이다. 따라서 '피할 수 없으면 즐겨라' 라는 말이 상투적으로 들릴 수도 있겠지만, 어려운 직장생활이나 힘든 고난의 상황을 버텨낼 수 있는 방법 중 이보다 더 좋은 방법은 없는 것 같다.

작은 것에도 감사하라

우리가 일상에서 작은 것에도 습관적으로 감사할 줄 안다면 항상 평안하고 행복하게 살아갈 수 있다. 또 그것으로 인해 건강하게 살 수도 있다. 그렇게 범사에 감사하는 마음은 우리 육체에 최고의 영양제가 되고 때에 따라서는 최고의 항암제가 되기도 하고 최고의 해독제가 되기도 한다. 그만큼 작은 것에도 감사하는 마음을 가지는 것이 육체적인 건강에 좋다는 말이다.

지금 여러분이 좋은 환경에서 풍요롭게 살 수 있는 것은 여러분을 위해 희생을 감수하신 부모님들이 있었기 때문이다. 자신의 안위보다 자식들의 미래를 더 걱정하셨던 부모님들의 희생이 없었다면 여러분은 지금의 삶을 누릴 수 없었을 것이다. 따라서 여러분은 부모님께 항상 감사하는 마음으로 살아야 한다.

우리는 항상 가족들에게도 감사하며 살아야 한다. 우리가 외로움과 고독으로부터 자유롭게 생활할 수 있는 것은 우리를 지켜주고 생각하고 사랑해 주는 가족이 있기 때문이다. 또한 우리가 지금 열심히 일하고 즐겁게 살아갈 수 있는 것은 늘 함께 일하고 힘들 때 용기를 주고 미소지어 주는 우리들의 동료와 직장이 있기 때문이다. 따라서 그들에게도 항상 감사하는 마음을 가져야 한다.

여러분은 여러분의 조상에게 가족에게 동료에게 이웃에게 늘 감사하는 마음으로 살기를 바란다. 감사하는 표현에 인색하지 말고 감사해 하길 바란다. 깨닫기만 하고 실천을 안 하면 그 깨달음은 아무 소용이 없는 것이다. 사랑하는 이에게 사랑한다고 말해야 하는 것처럼 고마운 이들에게 감사하다고 인사해야 한다. 진실되고 솔직한 표현일수록 상대가 느끼는 즐거움과 기쁨은 두 배가 된다. 또한 표현으로 인해 여러분의 즐거움과 기쁨도 두 배가 되기 마련이다.

칭찬이 고래를 춤추게 한다면 감사는 고래를 웃게 만든다. 보통 칭찬을 받으면 '감사합니다'라고 대답을 하는데, 이 '감사합니다'라는 말에는 칭찬에서와 마찬가지로 마음의 치료효과가 있다. 즉, '감사합니다' 또는 '고맙습니다'라는 말에는 칭찬의 말처럼 불가사의한 힘이 숨어 있어서, 사람들은 감사의 말을 듣게 되면 순식간에 얼굴에 웃음이 번지고 긴장이 풀어진다. 내가 감사의 기분을 표현하는 순간 상대도 감사의 마음을 갖기 때문에 나와 상대의 거리가 훨씬 더 가깝게 된다. 이렇듯 감사의 마음은 사람과 사람을 연결시켜주는 청량제와 같다.

여러분은 '고마워요'라는 감사의 말을 많이 하는 가정일수록 웃음이 많고 건강하다는 사실을 명심하길 바란다. 감사의 표현이 많은 가정일수록 부부관계나 부모와 자식 사이의 관계가 훨씬 원만해지는 것이다. 물론 감사를 표현하는 것도 부모들이 먼저 아이들에게 솔선수범하여 모범을 보여야 한다. 아내가 남편에게, 남편이 아내에게 일상의 작은 일에도 '고마워요'라는 말로 감사를 표현한다면 아이들도 자연스럽게 '고마워요'라는 말의 의미를 학습하여 부모와 마찬가지로 감사의 기분을 말로 자주 표현하게 된다. 작은 일에 감사하며 그것을 말로 표현하는 것이야말로 가정에 웃음꽃이 피어나게 하는 기폭제인 셈이다.

하지만 보통 사람들은 칭찬과 더불어 감사의 마음을 표현하는 것에 그리 능숙하지 못하다. 사실 나도 칭찬은 그런대로 잘 하는 편이지만 감사는 막상 말로 표현하는 것이 쑥스러워 마음속으로만 고마워하고 끝내는 경우가 많이 있었다. 하지만 나이가 들어 이제 정년퇴임을 앞두고 보니 마음속으로만 고마움을 느끼고 표현하지 않는 것은 아무 소용이 없다는 것을 깨닫게 되었다. 그러니 여러분들은 만약 말로 표현하기 쑥스럽다면 작은 선물로라도 표현하길 바란다. 표현에 인색한 것은 바보 같은 것이다. 작은 것에도 감사하는 마음을 표현하고 사는 것이 여러분의 건강한 삶을 위해 꼭 필요하다는 것을 잊지 말기 바란다.

Part 11 남의 눈치를 보지 말라

가만히 생각해 보면 나는 지난 40년 동안 하루도 바쁘지 않은 날이 없었다. 매일매일 중요한 일들의 연속이었고, 그에 따라 나의 머리는 그 중요한 결정들을 내리기 위해 너무나 바쁘게 움직였다. 그런 면에서 보면 나의 두뇌는 40년 동안 쉼 없이 혹사당했다고 할 수 있는데, 보통 사람들은 자신의 정신을 혹사시키고 있으면서도 나의 경우처럼 그것을 자각하지 못하고 살아간다. 세상이 너무 바쁘고 빨리 돌아간다는 이유로 정신적 피로에 대해서는 신경을 쓸 여유가 없기 때문이다.

하지만 운동을 많이 하면 몸의 근육이 피로해지는 것처럼 이것저것 복잡한 생각을 많이 하면 우리의 정신도 피곤해지기 마련이다. 일반적으로 생각을 많이 하면 머리가 무거워지는 불쾌감을 느끼게 되고 조금 심해지면 두통이 일어나게 되는데, 이것은 피가 머리로 쏠리기 때문에 나타나는 현상이다. 머리를 계속 사용하면 머리로 피가 쏠리는 불균형적인 피의 흐름이 발생하여 불쾌감이 느껴지거나 두통이 나타나게 된다.

그런데 머리가 피곤해지면 그와 연동하여 마음도 피곤해진다. 즉, 머리가 굳어지면 마음도 굳어지는 것이다. 그래서 육체가 피곤하면 휴식이 필요한 것처럼 정신도 피곤하면 휴식을 취해야 한다. 하지만 나는 그 동안 너무나 바쁘다는 이유로 나의 정신을 지속적으로 혹사시켰으며, 지금 생각해 보니 그것은 나 자신을 지속적으로 학대해 온 것과 다르지 않았음을 깨닫게 된다. 따라서 나는 여러분들에게 피로에 지친 여러분의 머리를 수시로 식혀주는 것이야말로 건강관리의 시작점이라는 것을 분명히 말해주고 싶다.

혹사당하는 머리를 쉬게 하라

만약 여러분에게 지금 괴로운 일이나 걱정스러운 일들이 한꺼번에 몰려온다면 여러분의 몸속에서는 여러 가지 생화학적인 일들이 벌어진다. 즉, 이런 나쁜 정신적 자극들은 곧바로 뇌하수체의 앞부분에 전달되어 아드레날린이나 노르아드레날린이라고 불리는 부신피질호르몬을 활발하게 분비하게 만든다. 그런데 이런 호르몬들의 분비가 활발해지면 우리 몸은 긴장상태가 되어 근육이나 혈관이 수축하고, 혈압이 상승하는 등 다양한 현상이 일어난다. 그리고 자극이 강할수록 심장박동은 더욱 빨라지고 호흡도 거칠어지는데, 이것은 아드레날린과 노르아드레날린이 자율신경계를 자극하여 교감신경의 활동을 활발하게 만들기 때문이다.

스트레스를 받았을 때 우리 몸속에서 나타나는 이런 현상들은 자연스런 자기방어 기작이라고 할 수 있다. 그러나 문제는 만약 평소에도 고민이나 걱정이 많아 우리의 몸이 이런 생화학적인 긴장상태를 지속적으로 유지하게 되면, 뇌의 노화가 빨리 진행된다는 사실이다. 다시 말해 이런 긴장상태를 유지하는데 사령탑 역할을 하는 뇌가 너무 많은 일로 인해 피곤해져 뇌의 노화가 촉진되게 된다. 또한 극도의 불안이나 긴장은 뇌혈관 장애와 건망증의 발생에도 관여할 뿐만 아니라 심한 스트레스가 계속되면 각종 질병에 대한 면역시스템의 작용도 약화된다.

우리의 정신상태가 암의 발병과 직접적인 관계가 있다는 것도 과학적으로 증명되었다. 강한 불안감이나 긴장이 계속되면 암세포의 퇴치에 관여하는 NK(Natural Killer)세포라 불리는 임파구가 제대로 작용하지 못한다는 사실이 밝혀졌다. 일반적으로 건강한 사람의 몸속에서도 하루에 약 3~5천개나 되는 암세포가 발생되지만, 우리가 암에 걸리지 않는 것은 NK세포를 중심으로 하는 면역부대가 암세포를 처치해 주기 때문이다. 그러나 강한 불안감이나 긴장상태가 계속되면 NK세포는 전투의욕을 상실하여 더 이상 암세포와 싸우지 않게 된다. 그렇게 되면 우리 몸속에서는 암세포가 세력을 확대하여 치유할 수 없는 상태가 되는 것이다. 따라서 우리의 마음속에 걱정과 불만을 지속적으로 쌓이게 하는 것은 우리의 몸을 상당히 위험한 상태로 몰고 가는 것이라 할 수 있다.

하지만 우리를 둘러싸고 있는 주변 환경은 우리의 머리를 쉴 수가 없게 만든다. 오늘날 컴퓨터나 휴대폰은 없어서는 안 될 물건이 되어 버렸고, 그에 따라 우리의 머리는 끊임없이 움직여야 한다. 그래서 컴퓨터의 사용으로 인한 스트레스를 호소하는 사람이나 휴대폰이 없으면 불안해하는 사람들이 늘고 있다. 핸드폰이나 컴퓨터로 인해 머리나 눈을 집중적으로 사용하면 몸의 균형이 깨져 머리가 띵하고, 눈이 따끔거리거나 목과 어깨가 결리는 증상들이 나타난다. 특히 장시간 컴퓨터를 사용하면 다른 사람과의 접촉도 적어져 대화를 통해 해소할 수 있는 스트레스 양만큼 정신적 피로가 축적될 수밖에 없다.

따라서 만약 여러분의 직업이 장시간 책상이나 컴퓨터 앞에 앉아 일을 해야 한다면 평소에 잘 쓰지 않는 근육을 자주 움직여 주거나, 가급적 자주 사무실 밖으로 나와 신선한 공기를 마시며 머리를 식혀주는 것이 좋다. 주로 머리로 일을 하는 사람일수록 몸의 긴장을 풀어주어 혈액의 흐름을 좋게 해주는 것이 중요하기 때문이다. 피로가 한 부분에 몰리게 되면 그와는 반대되는 행동을 해서 발산시켜 주는 것이 좋은데, 일반적으로 몸의 근육이 긴장된 채로 있으면 마음도 점점 더 굳어진다. 이렇게 마음이 굳어지면 사소한 일도 고민되어 더욱더 머리를 쓰게 되고, 그 결과 마음이 더욱 굳어지는 악순환이 되풀이된다. 따라서 자주 몸을 움직여 마음의 긴장을 풀어주는 것이 필요하다. 여러분들은 혼자 골똘히 고민하는 것보다 아무 생각 없이 몸을 움직이는 것이 훨씬 건강에 좋다는 것을 기억하길 바란다.

매사 자신감을 가져라

가끔은 자기 스스로를 칭찬하는 것도 삶에 활력을 불어 넣는 좋은 방법이 된다. 세상의 평가에 연연하지 않고 자신의 선택이나 행동에 대해 '잘했다'라고 당당하게 칭찬할 수 있는 사람이 되라는 말이다. 사람은 사회적 동물이기 때문에 누구나 주위의 평가에 신경을 쓰면서 살아간다. 예를 들어 학생들은 친구보다 좋은 성적을 받기 위해, 직장인은 회사로부터 능력을 인정받기 위해, 남편들은 자신의 아내에게 옆집 남편보다 훌륭하다는 것을 보여주기 위해, 우리는 그렇게 애쓰며 피곤한 삶을 살아간다. 하지만 이렇게 주위의 평가에 신경을 쓰며 살다 보면 자칫 자신이 진짜 원하는 삶을 못 살게 되어 자괴감에 빠지기 쉽다.

나는 교수님이나 부모님에게 좋은 인정을 받기 위해 결석 한번 없이 강의를 충실히 듣고 학점관리도 철저히 하던 모범생들이 훗날 졸업해서는 자기 갈 길을 제대로 못 잡고 방황하는 경우를 종종 보아왔다. 내 경험에 비춰보면, 좋은 학교에 진학하여 좋은 성적으로 좋은 평가를 받으며 자란 학생들은 사회에 나가서도 다른 사람들의 평가나 시선으로부터 자유롭지 못하게 살아간다. 하지만 주위의 평가란 자신이 원하는 방향과는 항상 일치할 수 없기 때문에 그런 학생들은 객관적인 평가를 받아도 늘 만족스럽지 않게 느낀다. 따라서 내가 원하는 것이 아니라 선생님이 원하는 학교에 입학해서 교수님이 권하는 직장에 들어가고 부모님이 좋아하는 상대와 결혼해 살다 보면 어느 날 문득 '이건 내가 원하는 인생이 아닌데'라는 생각과 마주치게 된다.

그러나 반대로 어렸을 때부터 독립적이고 창의적인 사고를 지니고 자란 말썽꾸러기 학생들이 의외로 사회에 나가서는 성공하는 경우도 많이 있다. 이런 학생들의 공통적인 점은 비록 자신의 결정에 따른 행동이 실패하거나 잘못되어도 스스로를 격려하고 자신감을 잃지 않는다는 사실이다. 자신이 하는 행동에 대해 남의 눈치를 보지 않고 스스로 잘했다고 평가하면서 만족감이 충만한 삶을 산다. 자신이 선택한 인생의 길을 정확하게 평가하고 그것을 높이 사며 사는 것은 분명 정신건강에 좋을 뿐만 아니라 행복한 것이다.

여러분들은 다른 사람들로부터 좋은 평가를 받았을 때보다 스스로 만족할 때가 훨씬 행복하다는 것을 알아야 한다. 스스로 나 자신에게 칭찬하고 싶은 마음을 가져본 적이 없다면 여러분은 주위의 평가를 지나치게 의식하며 살고 있는 것이다. 그건 다른 사람들이 살아가는 인생에 너무 신경을 쓰고 있어서 자신의 인생을 잃어버리고 있는 것과 같은 것이다. 그렇게 다른 사람의 시선에 신경을 곤두세우고 사는 동안 여러분의 심신은 병들어가고 불만이 쌓여가고 있을 가능성이 높다. 따라서 나는 여러분들이 자신의 의지에 따라 행동하는 습관을 가지길 바란다. 때때로 '이것은 정말 내가 하고 싶어서 하는 일인가?'라고 솔직하게 질문을 던져가면서 무슨 일이든 스스로 책임감을 느끼며 하기를 바란다. 그러다 보면 틀림없이 여러분의 마음은 만족감으로 가득 차고 온화해질 것이다. 그러니 오늘부터 아주 사소한 일이라도 스스로에게 '잘했다'라고 칭찬해 보라. 주위로부터 어떤 평가를 받게 될지는 그 다음 문제이다.

성공에 너무 집착하지 마라

'호사다마'라는 말이 있다. 좋은 일이 많을 때는 나쁜 일이 끼어들기 쉽다는 뜻이다. 즉, 좋은 일이 일어날 때일수록 탈이 나서 실수를 하거나 방해를 받기 쉽다는 말이다. 이 말은 우리의 건강에도 그대로 적용된다. 예를 들어 건강할 때 '나는 어떤 일을 해도 끄떡없다'라며 몸을 지나치게 무리하여 사용하면, 작은 질병이 생겨 오히려 몸이 망가질 수도 있다. 따라서 여러분은 상태가 좋은 때일수록 이외의 일이 일어날 수 있음을 항상 경계해야 한다.

나는 내 주변에서 성공한 사람들이 의외로 우울증에 걸린 경우를 자주 보았다. 성공과 우울증 사이에는 밀접한 관계가 있다는 것이 내 경험적 결론인데, 그래서 혹자는 우울증을 '성공병'이라고 부르기도 한다. 예를 들어 대학에서 총장선거에 출마하여 총장에 당선되면 사회적인 성공을 이룩했다고 할 수 있는데, 막상 총장에 당선되어 책임감을 느끼는 자리에 오른 순간부터 마음의 병을 앓게 되는 경우를 나는 자주 목격했다. 또 그렇게 총장직을 수행한 많은 사람들이 총장을 그만두고 나서 오래 못사는 경우도 나는 많이 보았다.

이렇듯 누가 보더라도 겉으로는 우울증과 전혀 관계없을 것 같은, 사회적 성공을 이룬 사람들 중 그 책임감이나 중압감을 못 이기고 우울증상을 보이는 경우가 허다하다. 물론 성공했다는 사실 자체는 커다란 기쁨이겠지만, 한편으로는 '내가 잘 해낼 수 있을까?', '아래 사람들이 잘 따라줄 것인가?' 라는 등의 불안이 중압감으로 작용하기 때문이다. 그런데 그 불안의 배경을 자세히 생각해 보면 실수를 두려워하는 마음이 있다는 것을 쉽게 알 수 있다. 지금까지 열심히 노력해 드디어 손에 넣은 성공인 것이다. 그러나 이 '드디어' 라는 생각이 강할수록 상실감은 커지게 마련이다. 그리고 한편으로는 '이 성공을 놓쳐서는 안 된다' 라는 무의식중에 작용하는 초조함이 결국에는 자신이 그린 최악의 시나리오에 빠지게 만드는 것이다.

생각해 보면 나도 성공을 하여 불안했던 경우가 많이 있었다. 동경하던 지금의 아내와 결혼에 골인했을 때, 그렇게 바라던 내 집을 장만했을 때, 아들이 의과대학에 들어갔을 때, 그 아들이 펠로우십을 마치고 용인강남병원 심장내과 과장으로 부임했을 때, 교무처장을 하면서 해양과학대학을 출범시켰을 때, 기획연구처장을 하면서 남명학관을 완공시켰을 때, 그때마다 기쁨이 크면 클수록 한편으로는 불안감도 컸던 기억이 있다. 과연 내가 결혼생활을 잘 하여 이 행복을 영원히 지킬 수 있을까? 혹시 우리 집에 도둑이라도 들면 어떻게 하지? 아들이 의과대학 공부를 무사히 마칠 수 있을까? 우리 아들이 훌륭한 심장내과 전문의가 못되면 어떻게 하지? 대학 구성원이 한 마음으로 뭉칠 수 있을까? 등등 나의 걱정과 불안은 끝이 없었다.

그러나 나는 아직 일어나지도 않은 불길한 일이나 실패를 지나치게 의식하면 무의식중에 자신의 행동에 제동이 걸리게 된다는 사실을 여러분에게 말하고 싶다. 이렇게 불길한 생각이나 실패에 대한 두려움을 갖게 되면 어렵게 손에 넣은 성공을 놓치게 될 확률이 높아진다. 실패를 이미지화하면 뇌가 그 사고를 학습하게 되어 그것이 현실화되기 쉬워지는 법이다. 아마도 여러분들도 무슨 일을 저지를 것 같다는 불길한 생각이 머리를 스치는 순간 물건을 떨어뜨리거나 잃어버린 경험이 한번쯤은 있을 것이다. 그러니 여러분은 성공에 너무 집착한 나머지 그 반대의 경우를 연상하여 일을 그르치질 않길 바란다.

혹시 어쩌다 한 번 실패했다고 해서 여러분의 인생이 실패하는 것이 아니다. 오히려 꼭 성공하지 않아도 된다는 가벼운 마음으로 사는 것이 건강이라는 주제만 생각한다면 훨씬 성공인 것이다. 나는 여러분이 성공을 손에 넣었다고 너무 자신만만해하지 않기를, 그러나 그렇다고 또 지나치게 신중해지지지도 않기를 바란다. '나는 정말 대단해' '세상에 두려울 것이 하나도 없어' 라는 자만도, '난 틀렸어' '실패할지도 몰라' 라는 자책도, 둘 다 모자란 생각이다. 그저 일이 잘 풀릴 때일수록 객관적인 시선을 갖고 겸손한 마음으로 살아가는 것이 심신을 위해 좋다.

Part 12 마음껏 웃기고 웃어라

나를 아는 사람들은 내 웃음소리가 너무 커서 보지 않고서도 멀리서 내가 오는 것을 알 수 있다고 한다. 그만큼 내가 자주 큰 목소리로 웃는다고 하는데, 나의 이런 습관은 평생 보따리 장사를 하셨던 어머니로부터 받은 교육의 결과이다.

나는 어렸을 때부터 어머니로부터 남자가 갖추어야 할 3가지 덕목에 대해 귀가 닳도록 듣고 자랐다. 그 3가지 덕목은 남자는 재주가 있는 사람보다 의리가 있는 사람이 되어야 하며, 남자는 한번 인연을 맺으면 끝까지 그 인연을 소중히 여길 줄 알아야 하고, 남자는 한번을 웃어도 호탕하게 웃을 줄 알아야 한다는 것이었다. 특히 가난한 삶을 살았던 우리 식구들에게 어머니는 웃어야 복이 들어오고 부자로 살 수 있다고 하시며, 어린 나에게 억지로 웃는 연습을 시키시기도 하셨다. 그런 어머니 덕분에 나는 호탕한 목소리로 말하고 웃는 것이 습관이 되어 버렸는데, 훗날 나의 이런 호탕한 목소리와 웃음은 어머니의 말씀처럼 사회생활을 하는 데 크게 도움이 되었을 뿐만 아니라 건강한 정신을 유지할 수 있는 기반이 되었다.

나의 쩌렁쩌렁한 목소리는 초등학교 전교어린이회장을 할 때부터 그 위력을 발휘하였다. 그 후 중학교, 고등학교 및 대학교를 다닐 때는 물론 장교로 군대생활을 할 때도 나의 호탕한 웃음과 목소리는 남자다운 리더십의 원천이 되었다. 내가 우리 대학의 기획연구처장을 할 때, 우리 기획연구처 사무실에는 매일 큰웃음소리가 멈추지 않았다. 당시 기획부처장이었던 백종국 교수도 나 못지않은 큰 웃음소리를 가졌는데, 처장과 부처장이 매일 큰 소리로 웃으며 일을 하니 직원들도 덩달아 웃으며 일을 하게 되었다. 특히 백종국 교수는 매사 긍정적으로 사고하였고 별거 아닌 것 같은 일에도 크게 웃는 습성을 지녔을 뿐만 아니라 유머감각도 뛰어나 그렇지 않아도 웃음이 많았던 나를 더욱 웃게 만들었다. 그 당시 우리와 함께 일을 했던 기획연구처 직원들은 그때가 가장 많이 웃으며 즐겁게 일했던 때라고 말하곤 한다. 웃음은 그렇게 전파력이 강한 바이러스이다. 한 사람의 웃음으로 인해 주변에 있는 모든 사람들이 같이 웃게 되고 같이 즐거워지며 같이 건강해질 수 있다.

화가 나면 웃어라

　나는 살아오는 동안 웃음의 많은 능력을 보아왔다. 웃음은 견딜 수 없을 것 같은 슬픔도 참을 수 있게 만들며, 더 나아가 절망을 희망으로 바꿀 수 있는 능력이 있다. 그래서 마음에 고민이 가득하고 세상이 살기 어렵다고 느껴질수록 더욱 웃으며 살아야 한다. 혹시 꼴도 보기 싫을 정도로 미워하는 사람이 생겨 괴롭더라도 억지로 웃다 보면 어느 순간 정말 모든 것이 잊혀지고 행복해진다. 웃는 얼굴에 침 뱉지 못한다는 말이 있듯이 웃음은 그 자체만으로도 모든 것을 용서하고 용서받고, 사랑하고 사랑받는 마술과 같은 재료이다. 또한 순수한 웃음은 긍정의 에너지원이며, 웃음은 그 어떤 것보다 효과가 좋은 면역력 증강제이다. 웃고 있는 사람에게는 그 어떤 질병도 접근하지 못하고, 웃는 순간에는 있던 질병도 치유되는 것이다. 그러니 여러분은 이렇게 절대가치를 가진 웃음을 마음껏 사용하길 바란다. 마음껏 웃어보라! 전혀 상처받은 적이 없는 것처럼 웃다 보면 행복해지고 건강해진다.

　어느 누구나 살다 보면 성공가도를 달릴 때도 있지만 실패를 연속적으로 경험할 때도 있다. 우리의 인생이란 그렇게 성공과 실패의 파도가 반복되는 것이라고 해도 과언이 아니다. 성공과 실패의 큰 파도가 반복되는 사람이 있는가 하면, 작은 파도가 반복되는 사람도 있다. 또 큰 파도와 작은 파도가 번갈아 반복되는 사람이 있는가 하면, 사람에 따라서는 실패의 파도가 좀처럼 그치지 않는 경우도 있다. 이러한 성공과 실패의 파도는 한 달이나 일주일 단위로, 또는 하루 안에 존재하기도 한다. 따라서 우리는 살아가면서 실패의 파도를 피할 수 없는데, 실패의 파도가 밀려와 불행하다고 느껴질 때 웃음이라는 치료약의 효용은 그 진가를 발휘하게 된다.

만약 지금 여러분이 불행의 파도에 휩쓸려 있다고 느껴진다면, 나는 여러분에게 자신이 처한 상황을 객관적으로 바라보고 한번쯤 웃어보라고 권하고 싶다. 어쩌면 여러분은 무릎 높이도 되지 않는 실패의 작은 파도에 휩싸여 살려달라고 사지를 버둥거리고 있는 것일 수도 있다. 만약 여러분이 그런 자신의 모습을 본다면 분명 웃음이 나올 것이다. 고민으로부터 한발만 물러서서 객관적인 시선으로 바라보면, 미간에 주름을 잡고 담배를 퍽퍽 피워대면서 한숨만 쉬고 있는 자신의 얼굴이 웃기게 느껴질 수도 있다는 말이다. 또 강아지만한 호랑이가 무서워 여기저기 쫓겨다니며 뛰어다니고 있는 자신의 웃기는 모습을 깨닫게 될 수도 있다. 그렇게 현재 자신이 처한 상황을 제3자의 입장에서 객관적으로 바라보고 웃어 버린다면, 그 실패는 더 이상 불행이 아니다. 그리고 그렇게 한 번 크게 웃어버리는 것은 스스로의 힘으로 실패의 파도를 넘어설 수 있는 좋은 방법이 된다.

인간관계 때문에 우울해졌을 때도 일부러 한발 뒤로 물러서서 자신을 관찰해 보는 것이 좋다. 우리 주변에는 남의 속을 긁는 말을 자주 하는 사람도 있고, 또 남의 험담을 즐겨하고 다니는 사람도 항상 존재한다. 만약 그런 사람이 하는 말 때문에 속이 상해 화가 나거나 우울해진다면, 일단 한발 뒤로 물러서는 것이 지혜로운 행동이다. 그렇게 분노가 치밀어오를 때, 한발 뒤로 물러서서 상황을 객관적으로 바라보면 별것 아닌 문제로 신경질을 부리고 있는 자신의 모습을 발견하고 웃음이 나올 수도 있기 때문이다. 그리고 만약 자신이 처한 상황이나 자신의 행동이 웃기게 느껴진다면 그것은 더 이상 마음에 상처를 주는 문제가 아닌 것이 된다. 이렇게 바라보는 시각만 조금 바꾸어도 신경질이 웃음으로 바뀔 수 있다. 그러니 여러분도 화가 나면 일단 한발 뒤로 물러나 자신을 돌아보길 바란다.

마음이 우울해도 웃어라

일단 어떤 마음의 상처든지 웃음이 나온다면 그 상처는 이미 치료된 것이나 다름없다. 따라서 불행할수록 웃을 수 있는 용기가 필요하다. 그런데 머피의 법칙은 이 세상에 항상 존재하여 어떤 이유에서인지는 모르겠지만 나쁜 일, 싫은 일은 연속해서 일어나는 법이다. 그리고 두 번 일어났던 일은 세 번이나 네 번도 일어난다. 나의 경우를 예로 들자면 학과별 체육대회에서 운동을 제일 잘 하는 학생이 중요한 경기를 앞두고 부상을 입으면 다른 학생들도 줄줄이 부상을 입는 바람에 우승을 놓치게 된다. 이런 경우는 아주 나쁜 일이라고는 할 수 없을 정도로 작은 일이지만, 그래도 매년 체육대회 때마다 이런 일이 반복되면 기분이 좋을 수 없다.

지난 해 우리 농생대학 체육대회인 땅울림체전의 마지막 날, 마지막 경기인 1,600미터 계주경기를 할 때였다. 그 동안 우리 학과는 우승의 문턱에서 공교롭게도 꼭 무슨 일이 벌어지는 바람에 3년 연속 준우승만 하고 있었다. 그런데 이제 8명이 200미터씩 이어달리는 그 마지막 계주경기에서 3등만 해도 종합우승을 할 수 있는 기회가 왔다. 이제 우승은 큰 이변이 없는 한 거의 따논 당상인 것이었다. 우리 학과는 모든 교수님들이 단 한 사람도 빼놓지 않고 체육대회가 열리는 3일 동안 학생들과 함께 운동장에서 같이 시간을 보내는 좋은 전통을 가지고 있다. 그러다 보니 학생들은 물론 교수님들도 종합우승에 대한 열망이 다른 어떤 학과보다 컸는데, 특히 나는 정년퇴임을 앞둔 마지막 체육대회였기에 그 누구보다 우승을 바랬었다. 그런데 그 중요한 마지막 계주경기에서 우리 학과의 여학생 선수가 잘 달리다가 중간에 넘어지는 바람에 나의 마지막 종합우승의 꿈이 한순간에 물거품이 되어 버렸다.

나는 종합우승을 할 수 있는 마지막 기회가 하찮은 일로 인해 허망하게 날아가 버린 것에 속이 너무 상했다. 마치 내가 상당히 불행한 사람이라 생각되었고 앞으로 모든 일이 나쁜 쪽으로만 일어날 것 같은 불길한 느낌도 들었다. 그런데 이런 나를 구해준 것은 뜻밖에 나보다 더 불행한 원예학과의 모 교수님이었다. 나와 비슷하게 정년퇴임을 하는 그 원예학과의 교수님은 평생 우승은 커녕 준우승도 못해 보았다고 투덜거렸다. 원예학과는 여학생이 많아 축구경기는 대표선수를 구성도 못해 기권하기 일쑤였고, 줄달리기는 한번만이라도 이겨보는 것이 소원이었으며, 씨름은 경기를 보는 그 자체가 고통이었다고 했다. 그렇다고 남학생에 비해 체육대회에 흥미가 높지 않은 여학생이 많다 보니 참여열기 또한 높지 않아 응원상도 한번 못 받아봤으며, 심지어는 여자발야구경기에서조차 간신히 선수 숫자를 맞춰 나온 축산학과에게 완패했다고 하소연했다.

나는 그 교수님의 원망석인 하소연을 들으며 나도 모르게 웃음이 나왔다. 종합우승을 놓쳐 속상해하던 나의 불행은 그 교수님에 비하면 새발의 피로 생각되어 웃음이 나왔던 모양이다. 그런데 그렇게 웃다 보니 조금 전까지의 불행했던 기분은 이미 멀리 사라지고 없어져버렸다. 남의 불행은 나의 행복이라는 말은 어쩌면 사실일지도 모른다. 이처럼 자신의 처지보다 더한 사람과 비교해 본다거나 또는 자신이 처한 상황을 객관적으로 바라보고 한바탕 웃어버리는 것은 가장 손쉬운 불행퇴치 작전이다. 나는 여러분들도 혹시 불행한 일이 연속해서 일어난다면 '내 참, 그래도 저 불행한 사람에 비하면 나는 행복한 사람이야'라고 가볍게 한번 웃어 버리고 넘어가길 바란다. 그 웃음은 여러분의 마음을 평안하게 해주는 것은 물론, 틀림없이 여러분의 정신건강에도 좋은 영향을 미칠 것이다.

무조건 웃기고 웃어라

현대 사회는 누구나 감정을 억제하며 살아갈 수밖에 없다. 자기의 감정을 모두 드러내며 살아가는 것을 허용하지 않는 사회이기 때문이다. 하지만 마음에 감당하기 힘들 정도로 고민, 불안, 슬픔, 노여움과 같은 부정적인 감정들이 쌓이게 되면 우리의 몸과 마음은 병에 걸리고 만다. 즉, 우울한 기분이 한동안 지속되면 육체는 서서히 반응을 일으켜 면역력이 감퇴하기 때문에 각종 질병에 걸리기 쉽다. 그만큼 우리 마음의 감정은 육체의 기능과 매우 밀접한 관계가 있다. 따라서 너무 우울한 감정에 오래 빠져 있는 것은 건강에 안 좋다.

그래서 평소 우울한 감정에 빠지면 빨리 기분전환을 하는 것이 매우 중요한데, 기분전환의 가장 간단하고 좋은 방법이 일단 무조건 웃는 것이다. 그러나 거의 모든 사람들은 '우울할 때 웃어라'라는 것을 말도 안 된다고 생각한다. 하지만 우울할 때 억지로 웃어 보는 것은 기분전환에 말도 안 되게 효과가 있다. 사람은 우스우면 웃는 것이 당연한 것처럼 웃으면 재미있어지고 즐거워지는 것도 당연한 사실이다. 실제로 가만히 있는 사람에게 간지럼을 태우면 거의 대부분이 웃게 되며, 그렇게 웃다 보면 감정도 진짜 즐겁게 변한다. 또 자지러지게 웃고 있는 사람을 보고 있으면 같이 웃게 되고 기분도 즐거워진다. 그래서 웃기는 사람이나 잘 웃는 사람을 만나면 항상 재미있고 즐겁다. 따라서 여러분은 유머감각을 개발하여 대화의 시간에 웃길 수 있는 기회를 자주 포착할 수 있도록 노력하길 바란다.

보통 사람들은 누군가에게 비판을 받으면 쉽게 기분이 나빠진다. 내 주변에도 친하게 지내던 사람들과 쉽게 인연을 끊어버려 외롭게 사는 안타까운 사람이 있다. 그 사람은 상대가 무엇인가를 비판하면 감정이 쉽게 상하고 그것으로 인해 일순간 절교를 해 버린다. 스스로 외로운 삶을 자초하는 셈이다. 정치가나 유명인 중에도 비판을 받으면 곧바로 화를 내는 사람이 있는데, 이는 대중에게 자신을 잘 보이고 싶다는 마음이 저변에 깔려 있기 때문이다. 아니면 역으로 자신의 정체가 드러나는 것을 두려워하는 마음 때문일 수도 있다. 이처럼 누구나 남이 자신을 제대로 봐주지 않으면 화를 내거나 마음속에 앙심을 품게 된다. 그리고 다른 사람들에게 잘 보이고 싶은 마음이 강할수록 사람들의 비판을 참아내기 힘들고, 그 결과 인간관계가 나빠지고 좁아진다.

그런데 자신의 단점을 있는 그대로 인정할 수 있는 용기만 있다면 매일 기분 좋게 보낼 수 있다. 오히려 자신의 나쁜 점을 스스로 말하며 웃어 넘겨버리면 모든 것이 평안해진다. 여기서 필요한 것이 우리는 완벽한 사람이 될 수 없다는 생각이다. 그래야 다른 사람으로부터 비판을 받았을 때 화를 내는 대신 자신도 이미 알고 있는 사실이라며 살짝 웃게 되고, 그러면 상황이 완전히 달라진다. 자신의 약점을 놓고 웃을 수 있는 사람이라면 마음속에 앙심이 생기지도 않는다. 그러니 여러분은 악의 없는 험담을 듣고 마음에 두는 것은 시간낭비라는 사실을 명심하길 바란다. 그런 것에 마음을 두는 것은 시간낭비일 뿐만 아니라 정신적인 스트레스로 인해 건강에도 좋지 않다.

억지로라도 웃으면 마음이 즐거워진다는 것은 과학적으로도 증명된 사실이다. 즉, 사람의 얼굴근육에 전기자극을 주어 웃음을 짓게 하면 사람들은 단순히 얼굴만 웃게 되는 것이 아니라 마음까지 즐거워진다고 대답한다. 반대로 슬픔을 느낄 때 움직이는 근육을 자극하면 사람들은 슬픈 기분이 든다고 응답한다. 이런 실험결과는 억지로 짓는 얼굴 표정에 의해 감정도 변하는 것을 과학적으로 증명하는 것이다. 따라서 여러분은 기분이 우울해졌을 때는 무조건 거울을 보고 활짝 웃어보길 권한다. 그러면 여러분은 분명 기분이 즐거워질 뿐만 아니라 면역 세포도 활발하게 활동하게 되어 건강해질 수 있다.

나는 한때 누군가에게 재미있는 이야기를 들으면 수첩에 적어 두었다가 다른 사람에게 들려주기 위해 노력을 했다. 또 그렇게 재미있는 이야기를 많이 알고 있는 사람과 함께 시간을 가지려고 애를 쓰기도 했다. 유머와 웃음을 원한다면 그것들을 선사할 누군가를 만나는 적극성이 있어야 한다. 웃음은 전염되는 것이기 때문에 유머 있는 사람과 만나 대화를 하면 나도 자연스럽게 웃음이 나고 즐겁게 된다. 그렇게 나에게 유머와 웃음을 전염시키는 사람은 나의 건강을 유지시키는 소중한 재산이다. 웃음이라는 천연의 약은 누구든지 언제라도 처방할 수 있다. 그러니 여러분은 언제든지 남을 웃길 수 있고 작은 것에도 호탕하게 웃을 수 있는 사람이 되길 바란다.

Part 13 평안한 가정을 만들어라

복잡하고 빠르게 변하는 현대 사회에서 사람들은 스트레스를 받지 않고 살아갈 수는 없다. 학생들은 공부나 취업 문제로, 직장인들은 승진이나 사업 문제로, 부모들은 자녀들의 교육 문제로, 노인들은 질병 문제로 스트레스를 받으며 살아간다. 그런데 이러한 스트레스 중 사람에게 가장 심한 충격을 주는 것이 배우자의 사망이나 이혼이라고 한다. 그만큼 현대인에게 있어 배우자와 함께 하는 삶은 평안하고 건강한 인생을 결정하는 가장 중요한 요인이다. 만약 현대인들을 괴롭히는 각종 질병의 주요원인이 스트레스라는 것이 사실이라면, 배우자와 갈등 없이 평안한 가정생활을 영위하는 것이 현대인의 건강을 위해 가장 중요하다고 할 수 있다. 그리고 이 말을 역으로 생각하면 가정에서 배우자와의 불화야말로 오늘날 우리의 건강을 해치는 주범이다.

　가만히 생각해 보면 나도 다른 사람들과 크게 다르지 않아, 그동안 살아오면서 가장 고통스러웠고 힘들었던 시간이 바로 아내와 다투거나 갈등을 겪었던 때였다. 나의 아내는 재주는 없지만 곰처럼 밀어붙이는 의지가 매우 강하고, 사람이 얄팍하거나 잽싸지 못해 어떻게 보면 촌스럽게 비춰질 정도로 교과서적인 삶을 고집하며 살아왔다. 일반적으로 사람들은 교장선생님하면 도덕성 강한 고지식한 사람을 연상하는데, 바로 나의 아내가 진명여자중학교 서정은 교장선생님이었다.

　그렇게 도덕성 강하고 고지식한 서정은 교장선생님은 당연히 자신이 옳다고 믿는 것에 대한 고집도 세서 나와 의견이 상충하면 절대로 물러서지 않으려고 했다. 나는 아들 문제든 돈 문제든 아내와 갈등의 시간을 한 번 겪고 나면 얼굴이 핼쑥해지고 체중은 몇 킬로씩 빠진 것 같은 기분이 들었다. 물론 세월이 흐르면서 중요한 결정은 내가 해야 하는 것으로 양해하려는 아내의 변해 가는 모습에 고마움을 느끼기도 했다. 그리고 갈등이 사라지고 다시 집안에 평안이 찾아오면 모든 것이 원상태로 돌아오긴 했지만, 그렇게 되기 위해서는 남모를 인내와 노력이 필요했다. 여기서 그 남모를 인내와 노력을 나는 사랑이라고 표현하고 싶다.

　거의 대부분 배우자와의 갈등은 마음뿐만 아니라 육체적으로도 큰 타격을 준다. 그러나 정작 더 큰 문제는 그런 배우자와 매일 얼굴을 마주하고 살아가야 한다는 사실이다. 그것은 건강에 가장 나쁜 스트레스를 껴안고 사는 것과 같은 것이고, 그런 상황에서는 병에 안 걸리는 것이 이상할 정도이다. 그래서 가급적 같이 사는 배우자와는 갈등을 안 만들고 사는 것이 현명한 것이지만, 살다 보면 갈등이 생기지 않을 수 없는 것 또한 현실이다.

따라서 우리는 갈등이 생겼을 때 갈등을 더 크게 확대시키지 않고 가급적 빠른 시간 내에 잠재울 수 있는 지혜가 필요하다. 나는 여러분들이 가능한 배우자와 갈등을 만들지 않고 살아가는 지혜로운 사람이 되길 바란다. 또 혹시 배우자와 갈등이 생기면 절대로 이기려 들지 말고 비겁해지는 용감한 사람이 되길 바란다. 그렇게 배우자를 사랑하고 평안한 가정생활을 하는 것이 여러분의 건강을 위해서라도 꼭 필요하기 때문이다. 만약 배우자와의 갈등이 병의 원인이라면 배우자와의 사랑은 가장 좋은 치료약이다.

 사랑으로 가정을 지켜라

사랑에 있어 어려운 것은 사랑하는 기술이 아니라 사랑을 받는 기술이다. 즉, 사랑을 하는 것은 아무나 할 수 있지만 아무나 사랑을 받을 수 있는 것은 아니라는 말이다. 사랑을 받기 위해서는 사랑하기 위해 노력하는 것의 열배, 백배의 노력이 필요하다. 그런데 사람은 항상 자신이 배우자를 사랑하는 것에 비해 배우자로부터 덜 사랑받는다고 생각하기 쉽고, 이러한 이유로 오늘날 많은 가정의 부부들이 쉽게 갈라서고 있어 안타깝다. 통계자료를 보니 한국에서만 1년에 14만5천 쌍이 이혼을 한다고 한다. 하루에 평균

400쌍이 남남으로 헤어지고 있는 셈이다. 검은 머리가 파뿌리가 될 때까지 서로 믿고 의지하고 사랑하며 살자고 맹세했던 사람들이 하루에 800명, 1년에 29만 명이 법원에서 이혼하고 나와 각자 남남으로 돌아선다.

  나는 그 동안 제자들의 결혼식 주례를 180번도 넘게 보았고, 또 이혼을 하는 경우도 두세 번 지켜보았다. 이혼을 하는 이유는 상대가 돈을 벌지 못해서, 게을러서, 성격이 맞지 않아서, 바람을 피워서, 폭력을 가해서 등등 매우 다양하지만 한 가지 공통된 점은 하나같이 상대의 부족한 부분만 내세운다는 사실이다. 하지만 상대의 부족하고 모자라는 점을 함께 채워가며 사는 것이 부부이고 인생이다. 이혼을 하는 사람들도 처음 사랑에 빠져 있을 때는 상대의 좋은 점만 보았을 것이다. 아니 설령 부족하고 모자라는 단점이 보였더라도 그것마저 좋아했을 것이다. 하지만 시간이 흐르면 변하는 것이 사람인지라 시간이 흐르면서 사랑도 변해 상대의 조그만 단점을 참아내지 못하게 되고 이혼이라는 극단적인 선택을 한다. 따라서 만약 여러분이 배우자와 오랫동안 함께 행복하게 살기를 바란다면 그 무엇보다 배우자의 그 어떤 단점이라도 무조건 사랑하겠다는 의지가 필요하다. 진정한 사랑은 좋아하는 감정이 아니고 의지의 노력인 것이다.

  나는 주변에서 서로가 아끼고 배려하며 인내하고 도와주며 사는 아름다운 부부들을 많이 보아왔다. 나의 가까운 예를 하나 들자면 경상대학교 7대 총장을 역임하였고 현재 울산과학기술대학교 초대 총장인 나의 평생 친구 조무제 교수도 부부가 금슬 좋은 것으로 유명한데, 내가 보기에는 아내에 대한 조무제 총장의 끝없는 양보와 배려가 그렇게 평생을 금슬 좋게 살아갈 수 있는 이유인 것 같다. 평소 조무제 총장하면 강력한 카리스마의 리더십을 떠올릴 정도로 성품이 강직하고 단호하며, 결단력과 추진력에 있어서는 그 누구에게도 뒤지지 않는 다혈질적인 사람으로 알려져 있다. 그런데 그런 친구가 유독 아내 앞에서만큼은 부드럽고 온화한 사람으로 변해 아내의 의견을 전적으로 존중하고 따르는 모습을 보인다. 밖에서는 맹주처럼 때로는 용장처럼 호랑이 같던 친구가 집에만 들어가면 온순하고 충직한 신하처럼 변해 있다. 나는 평소 조총장의 이러한 모습을 멋있다고 생각했는데, 이렇게 자기의 배우자에게 전적으로 양보하고 배려하는 것이야말로 진정한 사랑이며 평안한 가정을 유지하는 비결이라고 생각한다.

사랑은 악마이며 불이며 천국이며 지옥이고 쾌락과 고통, 슬픔과 후회가 모두 거기에 있다고 했다. 따라서 자신의 배우자를 진정으로 사랑한다면 그 어떤 두려움도 걱정도 불안함도 없어야 한다. 만약 사랑하는 배우자 외에는 그 어떤 다른 사람도 보이지 않는다면, 그렇게 사랑하는 열정만으로도 모든 역경을 감내하고 모든 문제를 풀어낼 수 있다. 진실로 배우자를 사랑한다면 현재의 가난이 초라할 수 없으며 병으로 인한 고통도 무섭지 않게 된다. 태풍 몰아치는 바다 위의 배에 있어도 배우자와 함께 있으면 두렵지 않은 것이 사랑이다.

그래서 사랑 앞에서 돈을 탓하거나 직업을 탓하거나 성격을 탓하거나 외모를 말하는 것은 이미 사랑이라고 할 수 없다. 사랑은 그 어떤 조건도 따지지 않고, 그 어떤 허물도 들춰내지 않는다. 따라서 여러분이 진정으로 배우자를 사랑한다면 불확실한 미래를 두려워하지 말고, 힘들어하지도 말고, 미워하지도 않기를 바란다. 세상에 태어나 평생 사랑하며 함께 살고 싶은 누군가를 만났다는 그 자체만으로도 이미 충분한 축복이라고 생각해야 한다. 그러니 여러분은 시간을 아껴 배우자를 사랑하길 바란다. 사랑은 미루지 않는 것이다. 진짜 사랑 앞에서 가장 힘들고 두려워해야 할 것은 그 사람이 영원히 떠나는 일이다.

의심하지 말고 무조건 믿어줘라

이 세상에 완벽한 사람은 없다. 따라서 나를 100% 만족시키는 배우자는 존재할 수 없다. 그러나 사람은 항상 이기적이고 계산적이며 욕심이 끝이 없기 때문에 배우자가 나를 100% 완벽하게 만족시켜주길 바란다. 바로 이러한 이유 때문에 거의 대부분의 부부들은 갈등을 겪게 되고 서로 의심하고 싸우게 되며 심할 경우 폭력이 오고 가서 가정이 파탄의 길을 걷는다. 따라서 비록 배우자가 만족스럽지 못하더라도 내가 먼저 이해하고 믿어주고 지지해 주는 것이 행복하고 평안한 가정을 유지하기 위한 현명한 태도이다. 내 제자들 중에서도 비교적 행복하게 잘 사는 부부들을 살펴보면, 하나같이 서로를 바보 같을 정도로 믿어주며 사는 경우가 대부분이다.

지금부터 이십년 전쯤 나의 제자 중 채영국은 대학을 졸업하자마자 갓 결혼한 새색시와 함께 새끼돼지 40마리를 사서 고향인 시골마을로 들어가 양돈업을 시작하였다. 그 당시만 하더라도 대학을 졸업한 유능하고 장래가 촉망되는 젊은 재원이 새벽부터 돼지똥을 치우는 축산현장에 들어가는 것은 대단한 결단이 아니면 할 수 없는 일이었다. 그러나 오랫동안 채영국을 가까이서 지도해온 나는 그 녀석의 성실함과 우직함을 잘 알고 있었기에 반드시 성공할 것이라 믿었다. 하지만 문제는 아직도 어리고 가냘픈 새색시가 과연 그 험한 생활을 이겨낼 수 있을까 하는 것이었다. 아무리 남편을 사랑한다고 하더라도 어린 새색시에게는 시골구석에서 돼지를 키우며 사는 삶이 지나치게 힘에 겨울 것 같다는 우려 때문이었다.

그러나 결론부터 먼저 말하자면 채영국 부부는 너무나 훌륭하게 성공을 이뤄냈다. 젊은 부부가 새끼돼지 40마리를 가지고 초라하게 시작했던 양돈장은 칠천두 규모의 대형양돈장으로 성장했으며, 현재 채영국은 의령군 동부농협조합장으로서 그 지역의 인물이 되어 있다. 하지만 여기서 내가 말하고자 하는 것은 그 부부가 사회적 성공뿐만 아니라 너무나 아름다운 가정을 이뤄냈다는 사실이다. 그리고 그 배경에는 무모하리만큼 저돌적이고 모험적인 남편을 맹목적이고 바보 같은 지지와 인내로 참아낸 어린 신부의 헌신이 있었음은 짐작하고도 남는다. 그래서 나는 요즘도 채영국에게 '너는 아내 복이 참 많은 놈'이라고 말하곤 하는데, 그 녀석도 그 말에 고개를 끄덕이며 전적으로 동의한다. 그런데 '제가 그렇게 살 수 있는 기회를 준 남편에게 오히려 고마워해야죠' 라고 말하는 그 녀석 부인의 말은 더욱 감동적이다.

이처럼 비록 조금은 부족하더라도 배우자를 전적으로 믿고 따르는 것은 평안한 가정을 이루는 근간일 뿐만 아니라 사회적 성공의 바탕이 된다. 그런 점에서 보면 나의 연구실 출신 제자들은 지방대학 출신에 가진 재산도 별로 없었지만 채영국처럼 배우자 하나 잘 만나 성공한 경우가 많이 있다. 현재 국립축산과학원의 연구관으로 근무하고 있는 박범영 박사도 부인을 잘 만나 오늘날 좋은 가정을 가지고 성공하였고, 이 외에도 이한기 교수, 진상근 교수, 김희윤 박사, 강승환 전무, 신택순 교수, 이정일 박사, 오성현 박사 등 모두가 배우자의 지혜로운 내조 덕분에 평안한 가정을 꾸리고 행복하게 살아가고 있다. 물론 제자들은 그런 배우자를 선택한 자신들의 탁월한 안목을 농담처럼 자랑하지만, 나는 그들 모두가 좋은 가정을 만들기 위해 알게 모르게 인내하고 사랑하였음을 잘 알고 있다.

그렇다. 평안한 가정을 꾸리는 것은 어느 한쪽의 일방적인 희생만으로는 이뤄질 수 없다. 서로가 믿고 의지하고 배려하고 헌신해야만 온전히 평안한 가정이 만들어진다. 특히 부부는 서로가 믿고 의지할 수 있는 신뢰를 지속적으로 쌓아가는 것이 매우 중요한데, 만약 한쪽이 의심을 시작하면 문제는 걷잡을 수 없는 상태로 진행될 수 있다. 따라서 배우자의 신뢰를 해치는 일은 가급적 하지 말아야겠지만 사실이 아닌 추측이나 생각으로 배우자를 쉽게 판단하지도 말아야 한다.

의심은 의심을 낳는다. 의심이 지나치면 일을 그르치며 너무 지나치면 병이 되어 배우자를 잃게 된다. 의심은 살을 섞고 사는 배우자에게 큰 상처를 주고 서서히 멀어지게 만든다. 그러니 배우자는 무작정 믿어주는 것이 좋다. 믿지 못하는 마음은 자신에게는 치유되기 힘든 병을, 배우자에게는 아주 큰 상처를 남길 뿐이다. 또 믿지 못하는 마음이 커지면 세상을 바라보는 모든 시각도 불신과 불만으로 이어질 수밖에 없다. 배우자에 대한 의심은 가정을 깨트리고 사회를 무질서하게 만드는 일종의 병이다.

사랑의 가정을 만들어라

나는 요즘도 제자들로부터 종종 결혼식 주례를 부탁받고 있는데, 그럴 때마다 내가 과연 그럴 자격이 있을까라는 반문을 해 보곤 한다. 스스로 하는 그 질문에는 내가 과연 모범적인 부부생활을 하고 있으며, 나의 가정을 단란하게 잘 꾸려가고 있는가에 대한 의문이 들기 때문이다. 하지만 학생들을 가르치기 위해 강의자료를 준비하다 보면 내가 더 공부가 되듯이, 주례사를 정리하다 보면 오히려 나에 대한 경각심이 새롭게 되는 것을 깨닫게 되어 매우 유익하다. 또 내가 주례를 보았던 많은 제자들이 현재 잘 살고 있는 것을 상기하면, 스승으로서 보람을 느끼게 되어 더욱 열심히 성실하게 주례사를 정리하게 된다.

나는 결혼식 주례사에서 제일 먼저 배우자를 이해해주고 편안하게 해주는 부부가 되라고 당부한다. 서로 이해하고 편안하게 해주는 부부만이 평생 변함없는 사랑을 영원히 함께 할 수 있기 때문이다. 그리고 결혼생활을 하다 보면 예상하지 않았던 많은 어려움이 생기게 되는데, 이를 극복할 수 있는 근본적인 힘도 부부의 사랑에서 나오기 때문이다. 그래서 나는 부부가 서로 이해하고 편안하게 해주기 위해서 꼭 갖추어야 할 덕목 5가지를 말해주는데, 여러분들도 이 덕목들을 가슴에 새겨 사랑이 가득한 가정을 만들길 바란다.

그 첫 번째 덕목은 지혜로운 부부가 되라는 것이다. 세상에서 가장 지혜로운 사람은 모든 사람으로부터 배움을 청할 수 있는 사람을 말하는데, 타인의 지혜를 자기의 지혜로 만들어 세상을 지혜롭게 살아가는 부부가 되어주길 당부하는 말이다. 두 번째 덕목은 강한 부부가 되라는 것이다. 진정으로 강한 사람은 자기 자신을 제어하거나 통제할 수 있는 사람, 즉 자기 자신을 컨트롤할 수 있는 사람을 의미하기 때문에 자기관리에 최선을 다하는 부부가 되어주길 당부한다. 세 번째 덕목은 부지런한 부부가 되라는 것이다. 가장 부지런한 사람은 자기 자신이 아닌 남을 위해서, 특히 배우자를 위해서 발품을 팔 수 있는 사람을 의미하기에 그런 부부가 되도록 노력하라고 당부한다. 네 번째 덕목은 그러면서도 부자가 되라는 것이다. 여기서 말하는 부자란 현재 자기가 가진 것에 만족할 수 있는 사람을 말한다. 세상 사람들은 이런 사람을 마음이 부자인 사람이라고 통칭하고 있는데, 마음이 부자인 부부가 되라는 당부인 셈이다. 마지막 다섯 번째 덕목은 부부가 함께 건강하라는 것이다. 건강보다 소중한 것은 없으며 지혜로운 자가 건강을 얻는다는 교훈을 가슴에 새기고 부부가 함께 건강하라는 당부이다.

나는 주례사에서 부부가 5가지 덕목을 갖추기 위해서 함께 실천해야 할 도리를 꼭 덧붙인다. 그 실천도리의 첫 번째는 부모님에 대한 효도와 형제자매 간의 우애를 바탕으로 부부의 애정을 키워가라는 것이다. 특히 효도와 우애를 동양적 윤리로만 이해하지 말고 부부가 반드시 함께 실천해야 할 가장 중요한 도리라고 생각하고, 이를 실천하는데 최선을 다하라고 당부한다.

두 번째는 작은 일이라도 부부가 함께 계획하고, 설혹 각자 일을 추진했더라도 반드시 부부가 함께 점검해서 뒤에 나타날 일의 결과에 대해서는 부부가 공동으로 책임질 때 부부간에 정서를 조속히 공유할 수 있다는 사실을 명심해 줄 것을 당부한다.

세 번째는 배우자의 성장 배경을 이해하는데 최선을 다 하고, 내 남편 내 아내를 타인이나 이웃과 절대로 비교하지 말라는 것이다. 이렇게 할 때 부부간에 사랑 못지않게 중요한 신뢰가 쌓여간다는 사실을 명심하라는 당부이다.

마지막 네 번째는 살다 보면 더러 부부싸움을 할 수도 있지만 부부싸움을 하더라도 반드시 대화로 풀고, 어떠한 경우라도 배우자에게 마음의 상처를 주는 말과 행동은 절대로 삼가하라고 충고한다. 그러기 위해서는 상대방을 즐겁고 행복하게 해주는 언어습관을 갖도록 노력하라고 또 당부한다. 그리고 마지막으로 덧붙이는 말은 두 사람의 어떠한 사회적 성공도 두 사람의 가정을 희생시키거나 가정의 실패로 그 성공을 대신할 수 없다는 것을 명심하고, 가정을 두 사람의 행복의 원천으로 삼아달라고 말한다.

Part 14 끝없이 자기를 사랑하라

사람은 누구나 한 번 왔다 가는 인생을 살고 있다. 그만큼 우리의 삶은 그 누구도 대신할 수 없는 일회성의 소중한 것임에도 불구하고, 이 세상에는 육체적으로 질병에 시달리거나 정신적으로 불행하게 사는 사람들이 너무도 많이 있다. 그런데 그렇게 많은 사람들이 겪고 있는 고통이나 불행이라는 것들도 따지고 보면 거의 대부분 자기 스스로 자초한 것들이다. 즉, 우리의 질병은 잘못된 생활습관의 결과일 뿐이고, 우리의 정신적 고난은 현재에 만족하지 않은 지나친 욕심이 부른 결과물에 불과할 때가 많다. 물론 세상이라는 것이 우리가 의도하는 대로 움직이지 않기 때문에 나의 잘못과 상관없이 억울하게 당하는 사고도 있지만, 어쩌면 그것조차도 우리가 감당해야 할 책임일지도 모른다. 특히 자신의 건강에 대한 책임은 전적으로 자신에게 있다. 따라서 우리는 철저한 자기관리를 통해 건강하고 행복한 인생을 책임지고 살아가야 된다.

건강을 위한 철저한 자기관리는 자기애(自己愛)로부터 시작된다. 자기를 사랑하지 않는 사람은 다른 사람도 사랑할 수 없다고 했다. 자기가 건강하지 않으면 다른 사람의 건강도 지켜낼 수 없다. 비행기를 타면 이륙 전에 간단한 안전교육을 하는데, 비상시에 산소마스크가 내려오면 자기가 먼저 착용하고 난 뒤 어린아이나 노약자를 돌보라고 한다. 자기의 안전을 먼저 확보하고 난 뒤, 다른 사람의 안전을 돌보는 것은 백번 타당한 것이다. 그렇지 않으면 모두가 위험해질 수 있기 때문이다. 이렇게 자신의 건강을 먼저 돌보는 것은 이기적인 것이 아니라 이타적인 일이다. 따라서 건강에 관해서 만큼은 철저하게 자기중심적인 사고방식을 가지는 것이 좋다. 나는 여러분이 어떤 중요한 일의 스트레스 때문에 건강에 문제가 생길 것 같으면 과감하게 그 일로부터 떠나라고 권하고 싶다. 세상은 꼭 내가 아니더라도 잘 돌아가게 되어 있고, 그 일이라는 것도 여러분의 건강보다 결코 중요하지 않기 때문이다.

자신의 일과 자신을 존중하라

건강한 정신을 유지하기 위해서는 우선 자신 스스로를 존중할 줄 알아야 한다. 내 자신마저도 나를 존중하지 않으면 남들은 더더욱 나를 존중해 주지 않아 상처받기 쉽기 때문이다. 그러니 살아가는 동안 자기 자신을 존중하는 습관을 기르는 것이 좋다. 비록 부족한 점이 있어도, 얼굴이 못났어도, 가진 돈이 없어도, 먼저 자기 자신을 존중하고 자신을 존중하는 만큼 자신이 꿈꾸는 건강한 삶을 위해 노력할 줄 알아야 한다. 만약 스스로 자신을 쓸모없는 사람이나 능력 없는 사람으로 치부해 버린다면 자신의 정신적 건강은 물론이고 궁극적인 삶도 엉망진창이 되어 버린다. 내 경험에 비춰볼 때 무엇보다 자기에 대한 자부심이 강하고 자기를 존중할 줄 아는 사람들이 건강하게 사회적인 성공도 이룩했다. 이런 사람들은 다른 사람 앞에서는 겸손히 자기를 낮추지만 조금만 대화를 나눠보면 가슴속에 자기애로 가득한 거대한 꿈과 야망이 있다는 것을 쉽게 알 수 있다.

우리 축산학과 출신 중에 현재 현대자동차 중국영업본부장을 맡고 있는 인물이 있다. 바로 백효흠 현대자동차 부사장인데, 이 친구는 내가 아끼고 사랑하며 존경하는 제자로, 재학시절에도 그랬지만 현대자동차의 말단 영업사원으로 입사했을 때부터 뭔가 좀 남달랐다고 한다. 대부분 입사동기들이 '나는 일개 자동차 영업사원일 뿐이다'라고 생각할 때, 이 친구는 '나는 자동차 판매왕이 되어 현대자동차의 중요한 임원이 될 것이다'라고 말했다. 사람들은 지방대학 축산학과 출신 주제에 현대자동차의 임원이 되겠다는 그의 말을 비웃었다. 하지만 이 친구는 정말 누구보다 열심히 자동차를 팔았고, 그의 탁월한 영업능력을 인정한 회사는 가장 판매실적이 저조한 영업소마다 이 친구를 파견하였다. 물론 그가 파견된 영업소들은 하나같이 그 해에 높은 판매실적을 올렸고,

오늘날 그는 그의 꿈이자 야망이었던 현대자동차의 핵심임원이 되어 더 큰 일을 하고 있다.

이처럼 자기 스스로 자신을 높이 평가하고, 그런 자부심을 바탕으로 한 자신감으로 꿈을 이뤄나가는 예는 우리 주변에 많이 있다. 그런 사람들은 자기 자신을 존중하는 자기애가 강할 뿐만 아니라 자신이 하고 있는 일에 대해서도 자랑스럽게 생각한다. 비록 자신이 하는 일이 다른 사람들의 눈에는 하찮게 비춰질지라도 애정과 열정을 가지고 최선을 다하기에 사회적인 성공으로 이어지게 된다. 그 가장 좋은 예가 현재 삼성그룹의 고문으로 있는 허태학 사장인데, 이 분은 우리 축산학과를 졸업하고 지금은 삼성에버랜드로 이름이 바뀐 용인자연농원에 근무하면서 그 능력을 인정받아 삼성에버랜드 사장과 삼성화학 사장 등 삼성그룹의 핵심임원으로 출세한 입지전적인 인물이다. 이 분은 축산학과 출신답게 용인자연농원에 근무할 때 그 일이 너무 좋아 다른 사람들보다 몇 배나 즐겁고 행복하게 일을 했다고 한다. 이 분은 언제나 자신의 일을 자랑스럽게 생각했고 그래서 누구보다 열심히 일을 할 수가 있었다. 그 결과 능력을 인정받아 삼성그룹의 핵심임원으로 올라갈 수 있었다.

흔히들 직업에는 귀천이 없다고 말을 한다. 하지만 대부분은 자신이 하고 있는 일이 다른 사람의 눈에 하찮게 비춰지는 것이라면 스스로도 하찮은 것으로 치부해 버릴 뿐만 아니라 그런 일을 하고 있는 자신도 한심하다고 생각한다. 그러나 자동차 영업사원이든 동물사육사든 그 직업이 남들에게 어떻게 보이는지는 중요하지 않다. 정말 중요한 것은 당사자가 일을 하면서 얼마나 행복하고 얼마나 즐거우냐에 달려 있다. 따라서 여러분은 지금 하고 있는 일이 비록 세상 사람들의 눈에 하찮게 비춰지거나 또는 스스로도 하찮게 느껴질지라도, 그 일을 그 누구보다 중요하게 생각하고 열정을 다해 일하길 바란다. 세상에는 모든 사람들이 중요하다고 느낄 수 있는 직업은 그리 많지 않으며, 대부분은 단지 먹고 살기 위한 돈벌이의 수단으로 생각하여 그럭저럭 일을 하고 살아간다. 하지만 매일 하고 있는 일이 즐겁지 않다면 그것은 악독한 배우자와 사는 것보다도 더 불행한 일이며 정신건강에도 매우 좋지 않다. 그러니 여러분은 자신의 일을 자랑스럽게 여기고, 그런 일을 하고 있는 자신도 자랑스럽게 여기길 바란다.

다른 사람의 삶과 비교하지 마라

건강한 정신을 유지하며 살아가기 위해 가장 중요한 것 중 하나는 다른 사람의 삶과 비교하지 않고 온전히 자신의 삶을 살아가는 것이다. 그러나 경쟁이 치열한 현대 사회는 다른 사람과 비교하지 않고 살아가기가 사실상 어렵다. 학생들은 친구들보다 좋은 성적을 받아야 하고, 직장인은 동료직원보다 빨리 승진해야 하며, 부모들은 옆집 아이보다 더 좋은 교육을 시켜야 한다. 그래서 친구보다 성적이 나쁘면 열등감이 들어 죽고 싶고, 동료직원보다 승진이 늦어지면 자신이 무능력자인 것 같아 사직서를 던지고 싶으며,

옆집보다 경제적 여유가 없다고 느껴지면 비참하고 불행하다고 생각하게 된다. 그러나 모든 사람들의 얼굴이 다르게 생긴 것처럼 모든 사람들이 다 똑같이 살 수는 없다. 그러므로 다른 사람과 비교하여 열등감을 느끼거나 불행하다고 생각하는 것은 바보 같은 짓이며, 이런 비교의식이야말로 정신건강을 해치는 주범이다. 만약 우리들의 몸에 배어 있는 '남과 비교하는 습성'을 제거한다면 우리는 인생을 정말 편하고 자유롭게 살 수 있다.

나는 그 동안 남의 눈치를 보느라고 마음 편하게 쉬지도 못하는 사람들을 많이 보아왔다. 현대인들의 특징 중 하나는 성공을 위해 남보다 덜 쉬고 더 열심히 일을 하는 습성이다. 그런데 이렇게 모두 쉬지 않고 일을 하니 피곤에 지쳐도 남들처럼 계속 일에 매달릴 수밖에 없다. 더욱이 성실한 사람일수록 쉬는 것에는 소극적이 될 수밖에 없어 다른 사람은 일하고 있는데 나만 쉬기가 미안하다는 의리 때문에, 또는 내가 쉬는 동안 경쟁에서 뒤떨어질 것 같은 불안 때문에 점점 더 쉬기 힘들어진다. 그래서 성실한 사람일수록 다른 사람의 눈치를 보느라고 휴가를 제대로 가지도 못한다. 그러나 바로 이러한 이유로 가끔은 일로부터 무작정 도망을 치고 싶다거나 아무 생각 없이 한가로운 시간을 보내고 싶은 욕구가 치밀어 오르기도 하는데, 이러한 욕구가 치밀어오른다는 것은 분명 정신건강에 좋은 것은 아니다.

휴식이 필요할 때는 쉬어야 하지만 마음 편하게 쉬지 못하는 이유는 다른 사람과 비교하기 때문이다. 그러나 만약 다른 사람들이 일하고 있을 때 쉬어도 큰 상관없다고 무시할 수 있다면 마음 편하게 휴식을 취할 수 있다. 그러면 쉰다는 사실에 초조함을 느끼지 않아도 되고 휴가 동안의 시간을 마음껏 즐길 수 있다. 따라서 자신의 정신건강을 포기하면서까지 항상 다른 사람들이 사는 것에 맞춰 살 필요는 없다. 하늘을 나는 새들이 모두 자기의 날개로 날듯이 우리도 스스로 자기의 날개로 날아야 한다. 남이 어떻게 날아다니든 상관하지 말고 우리는 자신의 날갯짓으로 자신만의 항로를 비행할 줄 알아야 한다. 타인의 삶과 비교하지 말고 자신만의 색깔을 가지고 살아가는 것이 사회적으로 성공할 확률이 높을 뿐만 아니라 정신건강에도 좋기 때문이다.

나는 여러분이 독특하고 개성 있는 자신만의 인생을 살아가길 바란다. 본래의 자신을 지키면서 자기 속에 타인의 존재를 조금도 인식하지 않는 사람이야말로 훌륭한 사람이라는 말이 있다. 언제 보아도 사람은 좋지만 자신만의 개성이나 색깔이 없다면 매력적이지 못한 사람이다. 현대 사회가 요구하는 사람은 남이 장에 가면 나도 따라가고, 남이 편하게 놀면 나도 따라서 쉬는 그런 사람이 아니다. 그런 사람은 착하다거나 성실하다는 말은 들을 수 있겠지만, 어느 한 가지가 남다르다거나 남과 차별되는 장점이 없기 때문에 크게 주목받지 못한다. 그러니 여러분은 흘러가는 구름처럼 그렇게 자기의 인생을 세월에 맡기며 살아서는 안 된다. 항상 다른 사람과 비교하면서 다른 사람을 따라 살아서는 안 된다는 말이다. 그러기 위해서는 밥도 죽도 아닌 성격이나 귀가 얇아 남의 말에 쉽게 흔들리는 결단력, 또는 목표 없이 사람들이 움직이는 대로 휩쓸려 가는 나약한 의지력 같은 것들은 과감히 버려야 한다. 대신 자신만의 잠재력을 발굴하여 활용함으로써 특별한 능력을 가진 사람으로 주목받으며 성공의 가도를 달리길 바란다. 여러분은 다른 사람처럼 똑같이 살려고 애쓰는 것은 바보 같은 짓일 뿐만 아니라 자신의 정신건강을 해치는 것임을 명심하길 바란다.

자신의 감정에 충실하라

자신의 감정을 자유롭게 표출하는 것도 자기애의 한 방법이다. 자신의 감정을 표현하지 않고 억누르는 것은 자기학대와 다름 아니기 때문이다. 그러나 불행하게도 우리는 어렸을 때부터 점잖게 행동하라고 배웠고, 또 아이처럼 굴지 말라는 교육을 받고 자랐다. 보통 아기들은 울음을 통해 '배가 고프다', '아프다', '피곤하다', '좀 더 관심이 필요하다' 등과 같은 의사를 표현하는데, 그런 아이들에게 울지 말라고 하는 것은 학대가 아닐 수 없다.

그런데 아기들이 우는 것은 일종의 언어이고 중요한 감정표현 수단임에도 불구하고 어렸을 때부터 울지 말라고 교육을 받다보니 성장해 가면서 점점 울지 않게 되었다. 그래서 성인이 되어서는 사람들 앞에서 우는 것이 창피해서 가급적 눈물을 참고 감정을 자제한다. 하지만 슬픔의 눈물이나 분노의 눈물, 감동의 눈물이나 기쁨의 눈물 등 종류에 관계없이 치밀어오르는 눈물을 참는 것은 건강에 해롭다. 그것은 넘쳐흐르는 감정에 뚜껑을 덮어 버리는 것과 같은 것이며, 이렇게 감정이 속에 쌓여 썩으면 병이 된다.

자신을 사랑한다면 감정이 가슴속에 쌓이지 않고 넘치도록 해야 한다. 예를 들어 영화나 드라마를 보면서 감동받았을 때나 책을 읽으며 슬픈 감정이 복받쳐 오를 때는 마음껏 눈물을 흘려야 한다. 그렇게 마음껏 눈물을 흘리면 속에 쌓여 있던 다른 감정의 찌꺼기까지 밖으로 쏟아져 나와 기분이 상쾌해진다. 그런데 흥미로운 것은 울고 난 뒤의 느낌이 마음껏 웃고 난 뒤의 느낌과 너무 비슷하다는 점이다. 즉, 진심으로 크게 실컷 웃고 나면 좋지 않은 일이 있어도 근심 걱정이 사라지고 마음속의 응어리가 단번에 풀리는데, 마음껏 울고 난 다음에도 이와 비슷한 현상이 나타난다. 이것은 운다는 행위를 통해서도 사람은 자연스럽게 스트레스를 발산하고 심신의 균형을 유지하는 것을 의미한다. 인간의 희로애락은 본능적이고 원시적인 감정이라 이것을 지속적으로 억누르면 체내에 감정의 응어리가 스트레스로 쌓여 각종 질병을 유발한다. 따라서 여러분은 눈물이 나면 억지로 참지 말고 마음껏 울어버릴 수 있는 뻔뻔한 사람이 되길 바란다.

정신을 건강하게 유지하기 위해서는 육체와 마찬가지로 충분한 면역력을 길러야 한다. 어느 날 갑작스레 잘 다니던 회사가 부도가 난다든지, 또는 사랑하는 가족 중 누가 예기치 않은 사고를 당한다든지 하는 일은 언제든지 일어날 수 있다. 아무리 주도면밀하게 인생을 계획하고 살아간다 하더라도 꼭 그대로만은 되지 않는 것이 우리의 인생이다. 하지만 인생에서 이처럼 불행의 순간이 오더라도 좌절하지 않고 극복해내면 그것이 오히려 자신을 강하게 만드는 요인이 될 수 있다. 즉, 좌절도 많이 경험해 봐야 폭넓은 인간이 될 수 있다는 뜻이다.

　그러나 좌절을 겪지 않고 평탄한 인생을 살아온 사람들은 좌절에 대한 면역력이 없기 때문에 조그만 실패에도 커다란 충격을 받기 쉽다. 실제로 부유한 집안에서 우등생으로 성장하여 안전한 직장에 들어가 소위 잘 나가는 삶을 사는 사람일수록 단 한 번의 좌절로 인해 자살이라는 최악의 선택을 하는 경우가 많다. 반대로 좌절을 많이 경험한 사람은 충격이 크면 클수록 더욱 강해지고 다른 사람의 아픔을 더욱 잘 이해하게 된다. 이런 관점에서 보면 불행도 귀중한 것이라고 생각하고 감사히 받아들이면 즐거운 마음으로 감내할 수 있다. 그리고 한 번 좌절을 극복하면 다음에 비슷한 일을 당해도 그것을 충분히 극복할 수 있는 지혜가 생겨난다.

　나는 세상을 살아가면서 할 수 있는 자기애의 마지막 방법이 종교생활을 하는 것이라고 생각한다. 그것은 우리가 아무리 서로를 사랑하고 사랑받는다 하더라도 인간의 사랑에는 한계가 있기 때문이다. 하지만 여러 성인(聖人)들의 경우에서 배울 수 있듯이 신(神)의 사랑에는 한계가 없기 때문에 세상에 지치고 사람에게 상처받은 사람들이 마지막으로 기대고 위로받을 수 있는 것은 종교밖에 없다. 물론 종교에 지나치게 열중하여 세상을 등져버리거나 또 다른 사회적인 문제를 야기하는 것은 바람직하지 않지만, 건전하고 건강한 종교생활을 하는 것은 종교가 없는 것보다 분명 정신적인 건강에 좋은 영향을 미친다.

　나의 경우도 평생 종교를 가지지 않고 나의 생각과 나의 의지로 힘들게 노력하며 살아왔지만, 최근 성당을 다니면서 영혼의 평안함을 얻고 일상의 삶이 보다 건전하고 안정적으로 변화되었다. 특정 종교를 가지라고 말하는 것은 사람에 따라서는 매우 민감하게 받아들일 수 있는 문제이기 때문에 여기서는 더 이상 거론하지는 않겠다. 하지만 건전한 종교생활은 확실히 여러분의 정신과 영혼을 건강하게 하며 삶을 편안하게 해주기 때문에, 자신을 진정으로 사랑한다면 어떤 종교든지 꼭 종교생활을 하기를 바란다. 이제 인생을 살 만큼 살아보고 정년퇴임을 앞두고 있는 사람의 진정성 있는 말로 받아주길 바란다.

3

What is a successful life is a healthy life

건강한 성공

가치 있는 일에 투자하라. •시간을 지배하라. •좋은 언어습관을 길러라. •적극적으로 배려하고 표현하라. •끊임없이 공부하고 배워라. •다양한 인간관계를 만들어라. •좋은 습관을 체화시켜라.

What is a successful life is a healthy life

Part 15 가치 있는 일에 투자하라

우리 주변에는 사회적으로 성공을 거둔 많은 사람들이 있다. 정치적이나 경제적으로 성공을 이룬 사람이 있는가 하면, 또 다른 명예를 얻은 사람도 있다. 또는 이 모든 것을 동시에 모두 얻은 것처럼 보이는 사람도 있다. 그러나 이들을 조금만 자세히 살펴보면 정말 존경을 받을 만한 성공을 이룬 사람이 있는 반면, 부끄러운 성공을 이룬 경우도 적지 않다. 그래서 역사적으로 비록 성공을 하였지만 오명이나 악명을 얻은 사람들도 많이 있는데, 사회적으로 많은 사람들의 귀감이 될 수 있는 진정한 성공이야말로 건강한 성공이다. 마치 우리가 장수를 말할 때 유병장수는 장수의 의미가 없고 무병장수라야 의미가 있듯이 성공에도 건강한 성공이야말로 의미 있는 성공이라 할 수 있다.

현대 사회에서 우리가 건강한 성공을 이루기 위해 극복해야 할 가장 큰 걸림돌은 돈의 유혹이다. 오늘날 우리는 현대자본주의 사회에서 살아가고 있기 때문에 마치 남보다 더 많은 부를 축적하는 것이 성공한 삶처럼 오해되고 있다. 따라서 많은 사람들이 갈수록 돈의 함정에 빠져들고 있어, 책 한 권보다는 로또복권 한 장을 사는 것이 더 가치 있는 일이라 생각하기도 한다. 또 정당하게 돈을 벌어 착실하게 재산을 증식하는 것을 어리석은 일이라 여기는 반면, 투기를 하여 단시간에 큰돈을 버는 것을 부러워한다. 그래서 누가 한 번에 큰돈을 벌었다고 하면 그 방법을 무작정 따라하거나 추종하게 된다. 이처럼 오늘날 우리가 살아가고 있는 자본주의 사회는 돈의 함정을 수없이 많이 만들어내고 있으며, 그로 인해 우리 사회는 갈수록 냉정해지고 삶과 성공의 가치가 저속하게 변질되어 가고 있다. 따라서 여러분들은 건강한 성공을 이룩하기 위한 올바른 가치관을 바로 정립하고 살아가길 바란다.

돈을 쫓지 말고 지배하라

나는 요즘 돌잔치에서 아이가 돌잡이로 돈을 쥐길 원하는 부모들을 보고 씁쓸했던 적이 한두 번이 아니었다. 최근에는 예전처럼 공책이나 연필, 또는 청진기나 명주실을 쥐길 희망하던 부모의 모습은 좀처럼 보기 힘들다. 미래의 건강한 성공을 위한 소망보다는 우선 돈이 가장 중요한 것이 요즘 세대들이다. 그래서 아파트 시세, 잘 나가는 펀드, 신도시 땅값 등에 사람들의 관심이 집중되고 많은 사람들이 쉽게 돈을 불리는 방법을 찾아 두 손 걷어 부치고 헤매고 있다. 투기하는 것을 보고 손가락질하던 사람들도 언제부터인가 그 투기를 자기도 모르게 즐기고 있는 모습은 슬프기까지 하다. 그러나 진짜 문제는 사람들이 자본주의의 함정 속으로, 돈의 유혹 속으로 빠져들고 있으면서도 그것이 마치 정당한 것처럼 착각하고 살아간다는 사실이다. 그래서 그런 사람들은 아이들에게 성실하게 열심히 사는 모습을 보이지 못하고 쉽게 돈을 긁어모으는 모습을 보이며 살고 있다. 하지만 우리 모두가 너무나 잘 알고 있듯이 그것은 건강한 삶이나 성공이 아닐 뿐만 아니라 우리의 인생을 황폐하게 만드는 악한 욕심에 불과하다.

많은 사람들이 인생의 목표가 마치 돈인 것처럼 살아가지만 우리의 삶은 돈이 전부는 아니다. 사람이 사는 세상은 돈이 주체가 아니라 사람이 주체이기 때문이다. 사람에게는 돈만 재산이라고 할 수 없으며 지식이나 건강, 재능이나 명성 등도 재산이라 할 수 있다. 따라서 돈만 쫓아다니다가 지식, 건강, 재능, 명성 등을 잃어버린다면 추잡하고 허무한 인생이 되기 십상이다. 그리고 돈이 많아 잘 먹고 잘 사는 것은 분명 좋은 일이지만, 혼자 잘 먹고 잘 사는 것은 보기에 그리 썩 좋은 모습이 아니다. 그래서 돈은 버는 것보다 가치 있게 쓰는 것이 더 중요하며, 돈이 인생의 목적이 되면 건강한 성공을 이룰 수 없다. 돈은 그저 살아가는 동안 고통받지 않고 살 수 있을 만큼만 있으면 된다. 그런데 사실 돈 때문에 받는 그 고통이라는 것도 돈에 대한 욕심만 줄이면 해소될 수 있는 아주 사소한 문제이다. 돈은 생각하기에 따라 풍족할 수도 있고 모자랄 수도 있는 허망한 것이기 때문이다. 따라서 돈은 우리 삶의 궁극적인 목적이 될 수도 없고 또 되어서도 안 된다. 그러니 여러분들은 돈의 유혹에 빠져 돈의 노예가 되는 삶이 되지 않도록 스스로를 항상 추스르고 살아가길 바란다.

돈은 어떻게 버는가보다 어떻게 쓰는가가 더 중요하다고 했다. 그래서 현명한 사람은 가치 있는 일에 돈을 사용하지만 미련한 사람은 자신의 이름을 먹칠하는데 돈을 사용한다. 현명한 사람은 자기계발을 위하여 돈을 아끼지 않고, 또 좋은 인간관계를 유지하기 위해서 사용하는 돈도 아까워하지 않는다. 하지만 단순히 자기만족을 위해 사용한다거나 의미 없이 시간을 보내기 위해 쓰는 돈은 작은 돈이라도 아까워한다. 나는 그 동안 제자들에게 다른 사람과 좋은 관계를 유지하기 위해 쓰는 돈은 아까워하지 말라고 가르쳤다. 특히 도움을 받았던 사람 또는 앞으로 도움을 받을 수 있는 사람들에게 선물을 하는 것에는 절대로 인색하지 말라고 하였다. 그래서 스승의 날에 어린 제자들에게는 어떤 선물을 어떻게 하는지에 대해 일일이 교육까지 하였다. 나의 가르침은 현명한 사람은 자신의 인격이나 위엄을 허물어뜨리는 선물을 하지 않고, 작은 것이라 하더라도 가치 있는 것을 하라고 한다. 즉, 선물은 하는 사람의 정성뿐만 아니라 그 사람의 인격이나 성품을 나타내기 때문이다.

나는 요즘도 스승의 날이나 명절 때마다 여러 제자들로부터 선물을 많이 받는다. 그렇게 선물을 많이 받는 것도 큰 기쁨이지만 선물 속에 들어 있는 제자들의 마음이 읽혀지면 더더욱 기쁘다.

특히 이미 졸업한 지 수십 년이 지난 제자가 선물을 보내올 때면 내가 평생을 교육자로 살아왔다는 것에 큰 보람을 느낀다. 그런 제자들 중에 지금까지 나와 인연을 끊지 않고 있는 두 명의 여제자가 있다. 현재 삼현여고에 근무하고 있는 박정희 선생과 삼현여중에 근무하고 있는 이정옥 선생이다. 사실 이 제자들은 우리 학과의 제자가 아니고, 30년 전쯤 내가 지도교수를 맡았던 '흙써클'이란 동아리의 학생들이었다. 그럼에도 불구하고 매년 때가 되면 나에게 작은 선물을 보내오거나 식사를 대접하는데, 그때마다 나는 고마운 한편 오히려 그들에게서 가치 있게 사는 인생이 무엇인지를 배우기도 한다. 참으로 현명한 사람은 이렇게 작은 선물이나 짧은 시간으로도 한 사람의 마음을 감동시키고 온전히 자기의 사람으로 만들 줄 안다.

현명한 사람은 시간도 돈 못지않게 중요하게 여기기 때문에 단 일분이라도 쉽게 낭비하지 않는다. 그러나 어리석은 사람은 필요치 않은 것에 쉽게 돈과 시간을 낭비한다. 그런 사람은 세상을 장기적인 안목으로 바라보지 못하고 현재만 직시하기 때문에 작은 돈을 아끼려고 소중한 인간관계까지 망치는 경우가 허다하다. 이런 사람은 자신에 대해서도 인색하기 때문에 돈은 어느 정도 모을 수는 있겠지만, 궁극에는 자신의 주변에 있는 소중한 것들을 모두 잃고 쓸쓸한 인생이 되고 만다. 그래서 돈은 아무리 많아도 철학을 가지고 사용해야 한다고 했다. 현명한 사람은 적은 돈이라도 철학을 가지고 꼭 필요한 곳에 적당한 물건을 사지만, 어리석은 사람은 허영심을 충족시키기 위해 비싼 물건을 사거나 필요하지도 않는 물건을 싸다는 이유로 사기도 한다. 그러므로 여러분은 분수를 모르고 돈의 노예로 사는 어리석은 사람이 되지 말고, 자신의 분수를 정확히 알고 돈을 지배하며 살아가는 현명한 사람이 되길 바란다.

일의 우선순위를 정해라

건강한 성공을 통해 인생을 보람되게 만들기 위해서는 여러 가지 일들 중에 가치 있는 일에 집중하며 살아가야 한다. 만약 이것저것 다 하려고 하다가는 정작 중요한 것은 아무것도 못하고 사는 그저 그런 인생이 되기 쉽기 때문이다. 예를 들어 직장생활을 하다 보면 갑자기 할 일이 많아지고 일이 계속 꼬여만 가는 복잡한 상황에 빠지는 경우가 종종 있다. 이런 경우 문제의 해결방법을 찾기가 어렵고 일이 점점 더 복잡해지면 머리가 아파오고, 성격이 급한 사람일수록 상황은 더욱 참기 어려운 국면으로 진행된다. 그리고 이런 스트레스가 지속되면 일에 대한 불만이 터져 나오고, 결국 이것이 상사나 회사에 대한 불만으로 이어져 직장을 때려치우는 극단의 선택을 한다. 그런데 문제는 이런 상황이 어쩌다 한 번이 아니라 살아가면서 자주 찾아온다는 점이다. 따라서 여러분은 갑자기 여러 가지 일들이 동시에 벌어질수록 일의 우선순위를 정해 처리할 줄 아는 지혜를 가져야 한다.

일이 많을수록 가장 주의해야 할 점은 절대로 짜증을 내서는 안 된다는 사실이다. 보통 복잡한 일이란 것이 짜증을 낸다고 해서 해결되는 것이 아니고, 더구나 스트레스를 받으며 고민한다고 해서 해결되는 것도 아니기 때문이다. 갈등과 짜증은 불만으로 이어지기 쉽고 이것이 지속되면 결과적으로는 자신만 손해다. 따라서 몸은 하나인데 여러 가지 일이 한꺼번에 몰려온다면 일의 우선순위를 정하고 가치 있는 일을 먼저 처리하는 것이 좋다. 여러 가지 일 중에서도 가장 중요하면서도 급한 일을 1순위 수행과제로 정한 후 나머지 일들에도 순위를 매겨 처리하는 습관을 길러야 한다. 순위를 정해 급한 것부터 하나둘씩 해결하다 보면 일에서의 무게감이 조금씩 줄어들게 되어 있다. 만약 마음이 조급하여 몇 가지 일을 동시에 진행해 나가면 어느 것 하나도 제대로 마무리를 짓지 못한 채 시간만 지체되기 쉽다. 그러나 일의 우선순위를 정해 하나씩 처리해 나가면 한 가지 일을 끝낼 때마다 자신감과 만족감이 생기고 다음 일마저도 즐거운 마음으로 완성도 높게 처리할 수 있다. 대부분 많은 일이 한꺼번에 닥치면 처음에는 그 모든 일을 처리하는 것이 불가능하다고 느껴질 수 있다. 하지만 일을 바라보는 관점만 약간 바꾸면 아무리 복잡한 일이라도 처리가 가능한 일로 바뀌게 된다.

어떤 일이든지 성공하기 위해서는 집중력이 필요한데, 특히 중요한 일일수록 집중력을 발휘하지 못하면 성공하기 어렵다. 그러나 많은 사람들은 무엇이 중요하고 무엇이 중요하지 않은지 우선순위를 두지 않고 닥치는 대로 세상을 살아간다. 때문에 크게 중요하지 않은 사소한 일에 상처를 받고 고민하느라 시간을 낭비하면서도 정작 중요한 일은 별 생각 없이 간과하고 살아간다. 이런 사람들의 특성은 언제나 바쁘지만 이렇다 할 결과물이 없다는 것으로 항상 문제의 핵심을 건드리지 못하고 곁가지만 건드리다 만다. 그런데 이렇게 일에 집중력이 떨어지는 산만한 사람은 대인관계에 있어서도 종종 다른 사람을 무시하는 것으로 비춰질 수도 있다. 즉, 방금 전까지 유쾌하던 사람이 갑자기 딴 생각으로 겉도는가 하면, 대화 도중 순식간에 주제에서 벗어난 다른 말로 분위기를 어색하게 만들기도 한다. 이처럼 산만하다는 것은 다른 사람에게 호감을 주지 못하고 사람을 불쾌하게 만들 수도 있다.

성공한 사람이 되기 위해서는 지식과 식견을 쌓고 겸손한 태도를 갖는 것도 매우 중요하다. 보통 중요한 사안이나 사람을 앞에 두면 사람은 온 정신을 집중할 수밖에 없다. 따라서 만약 어떤 사람이 일처리 중이나 대화 도중에 딴 생각을 하여 집중하지 않으면 사람들은 그 사람을 겸손하지 못하고 그 일이나 상대방을 무시하는 것으로 생각할 수도 있다. 즉, 주의가 산만하다는 것은 상대방이나 하고 있는 일을 가치 없게 판단하는 것으로 생각하게 만든다. 그러므로 여러분은 어떤 일이든지 집중하고 있는 모습을 보이며 사는 사람이 되길 바란다. 또 모든 일에 있어 열정적인 노력 없이는 어떤 결과물도 만들어지지 않는다는 사실을 꼭 기억하길 바란다.

한 우물을 깊게 파라

대학에서 많은 학생들을 지도하다 보면 다양한 학생들의 자질이나 특성이 저절로 파악된다. 그래서 대학에서 40년간 근무한 나의 경우, 이제는 어떤 학생이 말하는 것이나 태도를 잠깐만 보아도 앞으로 사회에 나가 크게 쓰임받을 녀석인지 아닌지 대충 감이 온다. 내 경험에 비춰 볼 때, 앞으로 성공할 것 같은 학생들은 공부할 때는 열심히 공부하고 놀 때는 확실히 놀지만 그렇지 않은 학생은 노는 것과 공부하는 것을 구분하지 못한다. 그래서 40년간의 대학 생활을 마치고 정년퇴임을 준비하고 있는 나의 결론은, 공부를 열심히 하는 학생이 노는 것도 잘 놀고 사회에 나가서도 성공한다는 사실이다. 시험을 잘 봐서 성적이 좋고 나쁜 것은 그 다음 문제이다. 문제는 어떤 일이든 집중해서 열정을 가지고 하느냐 안 하느냐이다.

공부와 마찬가지로 일도 노력을 더 기울이는 만큼 즐거움도 커지게 마련이다. 그래서 일을 하는 동안 스스로 성취감을 느끼게 되고, 그런 만족감과 자부심이 스스로의 발전에 크게 도움을 준다. 성취감이야말로 일에 대한 욕구를 불러일으키는 큰 원동력이다. 그래서 어떤 일을 할 때는 일에만 몰두하는 것이 중요하다. 다른 어떤 것도 끼어들어서는 안 된다. 이것은 일을 할 때는 물론이고 놀 때도 마찬가지이다. 그런 점에서 일을 하지 않는 시간에는 열심히 노는 것을 즐길 수 있는 사람이 성공할 확률이 높다고 할 수 있다. 이를테면 여러 면에서 열심히 집중해서 하는 사람만이 성공에 보다 가깝게 갈 수 있다는 말이다.

　반면 어떤 한 가지 일에도 열심히 하지 못하는 사람은 다른 모든 일에서도 만족감을 얻기 힘들다. 어느 한 가지 일에 몰두하지 못하거나 잡다한 일에 정신이 팔려 그 일을 머리에서 지우지 못하는 사람은 다른 일도 손에 잡히지 않는다. 이런 사람은 열심히 노는 것도 쉽지 않기 때문에, 하루 종일 바쁘게 지냈는 데도 저녁 잠자리에 들기 전 생각해 보면 아무것도 한 일이 없다고 느낀다. 신문을 읽어도 다른 생각으로 머릿속이 가득 차 있어서 무엇을 읽었는지 기억이 없고, 방금 TV에서 뉴스를 보고 나서도 무슨 내용을 보았는지 하나도 기억이 나지 않는다. 사람들과 만나서 대화하는 것도 마찬가지이다. 다른 일에 정신이 팔려 대화에 적극적으로 나서지 못하고, 또 대화에 적극적이지 않다 보니 대화 내용도 정확히 파악하지 못한다. 당연히 이런 사람은 성공과 거리가 멀어질 수밖에 없다.

　여러분들은 세상의 모든 일은 할 가치가 있거나 없거나 두 가지 중 하나에 속한다는 것을 알아야 한다. 그 중간에 있는 일이란 것은 없다. 따라서 일단 하겠다고 결심했으면 그 일에 몰두하는 것이 좋다. 눈과 귀를 집중시켜 들은 말과 눈앞에서 일어난 일을 놓치지 않는 자세를 습관으로 만들어야 한다. 물론 모든 일을 집중해서 한다는 것은 매우 어렵다. 그러나 한 번에 한 가지씩 집중해서 하는 것을 습관화시키면 시간이 지나면서 집중력을 가지고 처리할 수 있게 된다. 나도 종종 사람들로부터 짧은 시간에 어떻게 그렇게 많은 일을 처리할 수 있는지 질문을 받곤 하는데, 나의 대답은 간단하다. 한 번에 한 가지씩 일을 처리하면 된다. 특히 오늘 할 일은 절대 내일로 미루지 않는다. 이것이 내가 할 수 있는 대답의 전부다.

인생을 장기적 안목으로 바라볼 때, 한 가지 일을 선택하여 집중하는 것이 성공할 확률이 높다. 우리 사회의 각 분야에서 성공한 사람들의 공통점을 보면 하나같이 오직 한 우물만 팠다는 것을 쉽게 알 수 있다.

우리 속담에 재주가 많은 사람이 밥 빌어먹기 딱 좋다는 말이 있다. 여러 가지를 잘 하는 것보다 한 가지를 뛰어나게 잘 하는 사람이 성공한다는 말이다. 아무리 하찮은 일이라도 최소한 이십 년, 삼십 년씩 한 분야에 집중해서 일을 하다 보면 자신도 모르는 사이에 사회에서 인정받는 전문가가 되어 있다. 그러니 여러분은 철새 직장인들처럼 여기 조금, 저기 조금, 이것도 해 보고 저것도 해 보고 그렇게 기웃거리지 않기를 바란다. 이런 사람들은 하나도 제대로 배우지 못하고 시간만 낭비하기 십상이다. 그러니 여러분은 가장 잘 할 수 있는 것 한 가지를 선택해서 인생의 모든 열정을 바치길 바란다. 그것이 여러분의 인생을 성공으로 안내할 것이라 나는 확신한다.

Part 16 시간을 지배하라

　　　　　내가 지난 40년 동안 여러 제자들을 지켜본 바, 확실하게 말할 수 있는 것 중 하나는 게으른 사람은 절대로 건강한 성공을 이룩할 수 없다는 사실이다. 건강한 성공이란 시간을 아껴 쓰는 사람, 성실하게 땀 흘리는 사람만 이룰 수 있는 일이기 때문이다. 이 말은 돈과 마찬가지로 시간도 현명하게 사용하는 것이 건강한 성공을 위해 필요충분조건이라는 것을 의미한다. 그런데 요즘 많은 젊은이들은 자신들에게 주어진 시간이 충분하다고 생각하여 그 귀중한 시기의 시간을 어영부영 하면서 보내버리고, 나중에 나이가 들어서야 뒤늦은 후회를 하곤 한다. 그러나 지나간 시간은 다시 돌아오지 않으며, 시간을 낭비하는 것은 돈을 낭비하는 것 이상으로 큰 손실을 초래한다. 따라서 여러분은 아무리 짧은 시간이라 할지라도 소홀히 여기지 않는 습관을 기르길 바란다.

  1분을 우습게 여기는 사람은 그 1분 때문에 울게 된다는 말이 있다. 짧은 시간이라도 헛되이 보내지 말고 귀중하게 생각하라는 말이다. 그런데 우리 주변을 둘러보면 놀랍게도 멍하니 아무 생각 없이 시간을 보내는 사람들이 많이 있다. 이런 사람들은 무엇을 하려고 해도 시간이 없어 못한다는 핑계를 자주 대지만, 사실 시간이 충분히 주어진다 해도 그 일을 성공리에 해내지 못한다. 이런 사람들은 어떤 일이든 집중력을 발휘하지 못하기 때문에 항상 그랬던 것처럼 그저 그렇게 아까운 시간만 보내 버리고 성공과는 거리가 먼 인생을 살아간다. 그렇다고 해서 나는 여러분이 성공하는 인생을 살기 위해 하루 종일 일에만 집중하고 몰두하면서 살라고 주장하는 것이 아니다. 그저 일상에서 의미 없이 우두커니 있는 시간을 줄이라는 말이다. 자기에게 주어진 시간을 지배하며 살아가는 사람만이 성공에 보다 빠르고 가깝게 접근할 수 있다.

짧은 시간을 최대한 활용하라

  나는 아침에 화장실에 갈 때 항상 신문이나 책과 같은 읽을거리를 들고 간다. 활자를 읽어야 제대로 볼 일을 볼 수 있기 때문인데, 젊은 날 학생시절부터 가지고 있었던 습관이다. 학생시절부터 나는 화장실에 갈 때마다 교양서적이나 시집 또는 잡지 등을 들고 갔는데, 지금 내가 알고 있는 세계사에 대한 지식도 모두 화장실에서 쌓은 것들이다. 이처럼 짧은 시간을 활용하는 것이 습관이 되면 따로 시간을 내지 않고도 읽고 싶은 책들을 모두 읽을 수 있으며 또 습득하고 싶은 정보도 지속적으로 축적할 수 있다. 그러니 여러분도 혹시 잠시라도 빈 시간이 생기면 그냥 멍하니 있지 말고 신문이나 잡지 또는 어떤 책이라도 읽는 습관을 기르기를 바란다. 혼자 식당에서 밥을 먹게 될 경우에도 무언가를 읽으며 시간을 보내는 것이 바람직하며 약속 장소에 너무 일찍 도착해서 시간이 남을 때도 책을 읽는 것이 인생에 도움이 된다. 따라서 어떤 책이든지 한 권 정도는 항상 휴대하고 다니는 것이 좋은데, 만화책이나 잡지책을 읽더라도 멍하니 있는 것보다 훨씬 낫기 때문이다.

성공을 이룬 많은 사람들은 짧은 시간을 효율적으로 이용하였기 때문에 큰일을 성취할 수 있었다고 말한다. 따라서 아주 짧은 시간이라도 효율적으로 이용하는 습관이 참으로 중요한데, 짧은 시간을 제대로 이용하지 못하는 사람은 긴 시간도 효율적으로 활용하지 못한다. 이처럼 자신에게 주어진 시간을 집중하여 효율적으로 사용하는 사람에게 주어지는 것이 성공이다.

짧은 시간을 잘 이용하는 것 못지않게 일의 순서를 정하고 시간을 배분하는 것도 시간을 잘 활용하는 방법이다. 우리 학과 사람들 중에도 일을 체계적으로 잘 하는 사람들이 많이 있는데, 돌아가신 박충생 총장님이나 고영두 교수님은 단 1초도 소홀히 하지 않고 열심히 산 사람으로 유명하다. 이 분들은 자신들의 시간에 성실했을 뿐만 아니라 집중력이 뛰어나서 같은 시간 동안 보통 사람들의 몇 배나 많은 일을 해내곤 했다. 또한 우리 학과 졸업생 중에도 현재 국방대학 총장의 중책을 맡고 있는 박창명 장군이나 진주의 견실한 중견기업인 (주)KUT의 문영식 사장도 체계적인 시간관리를 통해 같은 시간 내에 다른 사람은 상상할 수 없을 정도로 많은 일을 하는 것으로 정평이 나 있다. 그런데 이렇게 성공한 사람들에게는 한 가지 공통점이 있는데, 그것은 그렇게 많은 일을 짧은 시간에 해내면서도 전혀 힘들어하지 않는다는 점이다. 즉, 이들은 일을 처리하는 순서에 빈틈이 없기 때문에 신속하게 많은 일을 해내면서도 지치지 않는다. 하지만 일을 순서 없이 닥치는 대로 처리하는 사람들은 많은 일을 하지도 못할 뿐만 아니라 쉽게 피곤해하고 지쳐 버린다. 아무리 뛰어난 사람이라도 순서를 정하지 않고 일을 하다 보면 일이 복잡해지고 끝내 포기하는 일이 많아지기 때문이다.

 어떤 일에 있어 성공하기 위해서는 다른 사람에 비해 탁월한 능력이 꼭 필요한 것은 아니다. 일의 체계를 알고 순서를 정해 추진하면 능력은 있으나 체계가 없는 사람보다 훨씬 더 큰 성과를 가져올 수 있다. 공부를 하거나 사업을 하는 것도 마찬가지이다. 모든 일의 순서를 정해 진행하는 습관을 가진 사람은 매사 그렇지 않은 사람에 비해 성공할 확률이 매우 높다. 그러니 여러분들은 일들을 처리하기 전에 일의 우선순위를 정하고 적절히 시간을 배분한 후 실행하는 습관이 몸에 배도록 하길 바란다. 그렇게 하면 미리 정해둔 대로 일을 처리하는 것이 얼마나 편리한지, 또 얼마나 효율적으로 빨리 진행되는지 알 수 있다. 그리고 순서를 정하지 않고 일하는 게 불편하게 느껴진다면 여러분은 그만큼 성공과 가깝게 된 것이라 해도 과언이 아니다.

모든 일에는 때가 있다

나는 결혼 후 처갓집에서 신혼생활을 시작했는데, 신혼 초에 처갓집 사람들과 생활리듬이 맞지 않아 한동안 고생을 했던 기억이 있다. 당시 나는 밤늦게까지 일하고 아침에 다소 늦게 일어나는 것이 몸에 배어 있었는데, 처갓집은 저녁 9시만 되면 모두 잠자리에 들었고 새벽 4시경에 일어나 하루를 시작하였기 때문이었다. 따라서 나는 결혼과 동시에 졸지에 매일 아침 집안에서 가장 늦게 일어나는 게으른 사람이 되어 버렸는데, 그런 나에게 장모님의 첫 가르침은 아침에 일찍 일어나는 사람이 성공한다는 것이었다. 장모님은 내 인생에 있어 삶의 방식에 큰 영향을 미친 분이셨는데, 한때 우리나라 새마을운동본부중앙회 회장을 역임했을 정도로 여걸 중의 여걸이셨다. '오정순' 하면 명연설가로서 진주뿐만 아니라 경남에서 알 만한 사람은 다 알 정도로 유명했던 장모님은 성공하는 사람이 되기 위해서는 아침시간을 잘 활용해야 한다고 항상 강조하셨다. 즉, 모두가 잠든 새벽부터 일어나 하루를 준비한 사람과 늦게 일어나 허둥지둥 하루를 시작하는 사람과는 분명 차이가 있다는 말씀이셨다.

장모님은 하루의 준비는 아침 식사를 하기 전에 마쳐야 한다고 강조하셨다. 하루라는 시간은 아침 식사를 하고 난 후에 따로 준비할 시간이 없는 실전의 시간이기 때문이다. 이처럼 모든 일에는 해야 할 때가 있는데, 인생을 길게 볼 때도 마찬가지다. 공부를 해야 할 때가 있고, 연예를 해야 할 때가 따로 있는 법이다. 여행을 즐기고 휴식을 취해야 할 때가 있으며, 사업이나 일에 열중해야 할 때가 있는 법이다. 따라서 성공하는 인생을 살기 위해서는 시간 계획을 세워 체계적으로 준비하며 살아가는 것이 중요하다. 사람은 누구나 시간 계획을 세우면 주의를 집중하여 살 수 있기 때문이다. 보통 사람의 의식은 분명한 목적을 갖기 전에는 목표 의식을 향해 움직이지 않는다. 따라서 목표를 설정할 때 성공은 이미 시작되는 것이라 할 수 있다.

인생의 계획은 10년 단위로 세워보는 것이 좋다. 나도 대학생이었던 20대 초에 인생의 장기 계획을 설계했었다. 20대에 학과 공부를 열심히 하여 교수가 될 준비를 하고, 30대에는 대학교수가 되어 내 분야에서 열심히 가르치고 연구를 하고, 40대에 남들로부터 실력과 능력을 인정받아, 50대에 학문적으로나 사회적으로 업적을 완성하고, 60대에는 많은 제자들에게 존경받으며 퇴임을 하겠다는 것이 나의 인생계획이었다. 그리고 그렇게 목표가 있으니 그 목표를 실현시키기 위해 비교적 노력하면서 살 수 있었다. 이렇게 목표가 이끄는 삶을 만드는 것은 인생을 허무하게 만들지 않기 때문에 무척 중요하다. 따라서 나는 여러분들도 인생의 장기계획을 설계해 본 적 없다면 지금이라도 꼭 그 계획을 세워보라고 권하고 싶다.

지금 당장 10년 단위로 남은 인생을 설계해 보라. 계획 없는 삶은 목적지 없이 떠도는 인생의 방랑객이다. 명확한 인생 계획이 섰을 때, 그것을 향한 노력을 하게 되고 열정도 생기게 된다. 그래서 나는 20년 전부터 우리 학과 학생들에게 2학년이 되면 학기 초에 한 학기 계획서를 레포트로 제출하게 해왔다. 그런데 우리의 인생이라는 것이 계획대로 모든 것이 이루어지고 진행되지는 않는다. 따라서 계획했던 것과는 전혀 다른 모습으로 결과가 나타날 수도 있다. 하지만 설령 계획대로 이루어지지 않더라도 계획을 세우고 달려왔다면 그 자체만으로 이미 절반의 성공은 거둔 셈이다. 그러니 여러분은 꼭 계획을 가진 인생을 살아가길 바란다. 만약 아무런 계획도 없이 인생을 살아간다면 그런 인생은 돛을 달지 않고 바다에서 표류하는 외롭고도 위험한 항해와 같음을 꼭 명심하길 바란다.

떠나야 할 때를 아는 것이 현명한 것이라는 말이 있다. 특히 권력이나 명예와 관련된 자리에서 욕심을 버리고 떠날 때를 바로 아는 것이 성공적인 인생을 위해 매우 중요하다. 사람의 욕심은 끝이 없고 욕심이 커지는 만큼 그 사람은 추해지기 때문이다. 그래서 회사의 경영자나 국회의 정치인이나 학계의 교수가 자신의 지위나 권력 앞에서 떠날 때를 스스로 알고 미련 없이 떠나는 모습을 보이면 많은 사람들로부터 끝이 아름답고 마음을 비운 사람으로 존경을 받는다. 그러나 떠나야 할 때 떠나지 않고 자리를 차지하는 사람은 욕심이 너무 많은 사람으로 나쁜 낙인만 찍힌다. 그러니 여러분은 후배에게 부하에게 자식에게 자리를 물려주는 것에 대해 미련을 갖지 말고 떠나야 할 시간에 미련 없이 떠나길 바란다. 인생이나 일이나 마무리를 잘 하는 사람이 가장 성공한 사람이다.

속도를 조절하며 살아라

　성공하는 인생을 만들기 위해서는 바쁜 때일수록 편안한 마음으로 살아갈 수 있어야 한다. 요즘 사람들은 모두가 대체적으로 바쁘고, 언제나 많은 용건을 끌어안고 살아간다. 하나의 일이 끝나면 쉴 틈도 없이 또 다른 일, 그리고 또 다른 일이 줄을 서서 기다리고 있다. 그런데 이렇게 많은 일에 치이다 보면 언제나 자신만 바쁜 것 같아 투덜거리게 되지만, 그렇다고 대신해서 일을 처리해줄 사람도 없기 때문에 어떻게든 마음을 다잡고 다시 일에 매달리게 된다. 그러나 이렇게 일을 즐겁지 않은 마음으로 억지로 하게 되면 일의 효율성이 떨어지고 일이 성공적으로 수행되지도 않는다.

　따라서 앞에서도 말한 바와 같이 많은 일이 한꺼번에 밀리면 일의 우선순위를 정하고 일단 순서가 정해지면 거침없이 일을 처리해 나가는 것이 중요하다. 또한 모든 일을 너무 잘하려고 하는 것은 오히려 몸을 경직시켜 일의 진행을 더디게 만들 수 있다. 이런 경우에 필요한 것이 노자의 '소욕지족'적인 발상이다. 즉, 마음의 요구 수준을 너무 높이 잡지 말고 100% 미만으로 생각하여 행동하라는 말이다. 이렇게 생각하고 행동하면 스스로가 등을 떠밀어서 속도가 붙게끔 되어 있고, 의외로 일이 잘 풀릴 수도 있다. 그러니 만약 여러분이 일상에 지쳐 있다면 잠시 걸음을 멈추고 마음의 요구 수준을 다시 설정해 보길 바란다. 100% 잘 하려고 하는 마음에서 80%만 해도 된다는 마음으로 요구 수준을 낮추면 마음이 편안해져서 사면초가와도 같은 상태에서도 묵묵히 일을 처리해 낼 수 있다. 또 이렇게 편안한 마음으로 밀려 있는 일들을 처리해 나가면 언젠가는 모든 일을 성공적으로 끝낼 수 있게 된다.

우리의 주변을 둘러보면 우리가 살고 있는 시대가 얼마나 혹독한지 거리에는 피곤에 지친 무표정한 얼굴의 사람들이 넘쳐난다. 직장인들 주부들 학생들 모두 피곤에 지쳐 있는데, 이렇게 피곤하고 지쳐 있기 때문에 사람들은 아무것도 아닌 일에 필요 이상의 예민한 반응을 보일 때가 많다. 공부나 일, 심지어 연애나 가정생활에서 불만이 쌓이고 그 결과 예상치도 않았던 곳에서 예상 밖의 행동으로 표출되기도 한다. 마치 풍선이 순간적으로 터지듯이 어느 한순간 갑자기 화를 내게 되는 증상이다. 이런 것은 성공을 위해 무작정 앞만 보고 뛰다 보니 몸에 이상증상이 생겨 건전한 심신을 유지할 수 없기 때문에 나타나는 현상이다. 다시 말해 성공을 위해 전력질주하는 것이 오히려 성공을 막아서는 결과를 초래하여 일어나는 일이다.

그래서 성공을 위해서는 잠시 걸음을 멈춰서는 여유가 필요하다. 성공을 위해 전력질주하는 사람들의 공통적인 특성은 누구보다 열심히 노력하고 지기를 싫어하며 꼼꼼한 완벽주의자로 책임감이 강하지만 융통성이 없으며 실수를 잊지 못하고 항상 고민한다. 그런데 이런 성격이 강할수록 오히려 궁극적으로 성공하는 인생과 멀어질 수 있기 때문에 조심해야 한다. 예를 들어 회사에서는 완벽하게 일을 처리하는 직장인이고 가정에서도 빈틈없이 가사와 육아를 돌보는 만점짜리 아빠가 성공한 인생으로 비춰질 수 있지만, 이렇게 모든 면에서 완벽한 100점을 맞기 위해 노력하는 사람들은 자신도 모르는 사이에 심리적인 부담감이 쌓여 문제가 발생하게 된다. 사람은 아무리 완벽을 추구한다 하더라도 완벽히 만족스런 결과란 존재하지 않기 때문에 아무리 노력해도 만족스럽지 않게 되고 오히려 괴로워한다. 역설적으로 노력하면 할수록 인생이 피곤해지고 불행해지게 된다. 그러니 여러분은 완벽한 성공을 위해 쉼없이 전력질주만 하는 우를 범하지 않길 바란다.

모든 일에 항상 전력질주한다고 인생이 즐거워지고 성공하는 것이 아니라는 것이 나의 생각이다. 늘 100점 만점이라는 완벽을 추구하게 되면 쉼없이 계속 노력을 해야만 하고, 그 결과 주위 사람들마저도 그렇게 만들어버리기 때문에 모두를 피곤하게 만든다. 따라서 때로는 천천히 숨 돌릴 여유 시간을 갖는 것이 진정한 성공을 위해 꼭 필요하다. 바삐 돌아가는 자신의 시계를 잠시 멈추고, 자신이 살아왔던 인생을 객관적으로도 돌아보는 여유의 시간이 필요하다. 또한 자신과 다른 사람에 대해서 100% 완벽주의를 버리면 인생을 즐길 수 있는 성공을 만들 수 있다. 100점을 목표로 하는 사람들에게 80점은 실패지만, 80점이 목표인 사람에게는 100점은 대성공이고 60점이라도 큰 실패가 되지 않는다. 결국 성공한 인생이란 우리가 어떻게 생각하느냐에 따라 결정되는 셈이다.

Part 17 좋은 언어습관을 길러라

건강한 성공을 이루기 위해 일상에서 가장 신경을 써야 하는 것 중 하나가 바로 언어습관이다. 말 한 마디로 천냥 빚을 갚기도 하고 또 세치 혀끝으로 사람을 죽일 수도 있기 때문이다. 따라서 말은 한 마디 한 마디를 매우 신중하게 해야 할 필요가 있는데, 항상 먼저 생각하고 나중에 말하는 습관을 길러두는 것이 성공에 큰 도움이 된다. 일반적으로 우리가 사회에서 마주치는 상황의 대부분은 어떤 억양으로 어떤 태도로 말할 것인가를 충분히 숙고한 후에 말을 해도 절대로 늦지 않다. 게다가 한 번 입에서 튀어나온 말은 엎질러진 물처럼 다시 주워 담을 수 없기 때문에 항상 말은 신중을 기해야 한다. 하지만 많은 사람들이 대충 해 버린 말 한 마디와 신중히 한 말 한 마디에는 엄청난 차이가 있다는 것을 쉽게 간과하고 살아간다. 그 작은 습관의 차이가 인생의 성공을 좌우하는 데도 말이다.

　말을 하는 데는 한 푼의 돈도 들지 않으며 힘이 크게 드는 것도 아니다. 하지만 무심코 던진 돌에 개구리가 맞아 죽듯이 생각 없이 무심코 던진 말 한 마디가 상대에게 상처를 주기도 하고, 또 독한 말 한 마디는 감정을 악화시켜 살인까지 불러오기도 한다. 이처럼 말이 가지는 위력은 대단하다. 따라서 이왕 하는 말이라면 상대의 귀와 마음을 즐겁게 해줄 수 있는 말을 하는 것이 성공을 위해 무척 중요하다. 따뜻한 말 한 마디는 기름진 음식보다 더 사람의 가슴을 풍성하게 만든다. 가슴에서 우러나는 진실한 말 한 마디는 절망 속에서 고뇌하는 사람에게 힘을 주고 희망의 메시지가 된다. 그래서 말이 있기에 사람은 짐승보다 낫지만 말하지 않으면 짐승이 사람보다 낫다는 말이 있다.

귀 기울여 듣고 함부로 전하지 말라

　나는 근년에 들어 항상 상대의 말을 먼저 충분히 들은 후에 말하려 하고 또 말을 많이 하기보다는 상대방의 말을 많이 들으려고 노력한다. 상대의 말에 귀 기울이지 않는 사람은 그렇지 않은 사람보다 더 많은 실수를 범한다는 것을 너무나 잘 알고 있기 때문이다. 일반적으로 상대의 말을 무시하는 사람은 늘 자기 입장에서만 생각하고 말하고 판단한다. 따라서 그런 사람은 결국 독선적이고 이기적인 사람이 될 수밖에 없다. 그래서 어떤 상황에서든지 상대의 말을 충분히 듣는 것이 그렇지 않는 것보다 훨씬 더 중요하다. 충분히 들은 다음에 자신의 생각과 견해를 말하는 것이 현명한 행동이다. 사업을 할 때도 먼저 자기의 조건을 말하는 것은 금물이라고 한다. 상대의 요구 조건을 다 들은 다음 자신의 조건을 말하라는 것인데, 이렇게 하면 적어도 큰 손해를 보지는 않는다고 한다.

근래 우리 대학교의 총장실에는 경청이라고 쓰여진 큰 액자가 걸려 있었다. 대학을 잘 경영하려면 대학의 수장인 총장이 무엇보다 구성원들의 말을 잘 들어야 한다는 뜻이었다. 경청은 어떤 조직의 수장에게만 필요한 것이 아니라 모든 사람들에게 필요하다. 상대의 말에 귀 기울이지 않는 사람들은 대부분 남을 무시하거나 우습게 여기며, 자기 자만에 빠지기 쉽다. 요즘 토론 프로그램을 보면 우리나라도 토론문화가 많이 성숙해진 것을 느끼나 아직도 상대방의 말을 듣기보다 목소리 높여 자기의 주장만 하는 사람이 많다. 특히 소위 지식인들이라고 하는 사람들이 하늘이 뒤집어져도 나의 말만 옳고 상대방의 말은 그르다는 태도로 토론하는 것을 보다 보면 아쉽기 그지없다. 토론이나 대화의 기본은 경청이다. 따라서 토론이나 대화를 잘하길 바라는 사람은 남의 말을 먼저 충분히 경청하는 습관을 길러야 한다. 경청이야말로 스스로의 인격을 높이는 것이며 세상을 넓게 보는 눈을 갖게 만든다. 여러분은 최고의 대화술은 먼저 듣는 것임을 명심하길 바란다.

우리 학과의 졸업생 중에도 말을 잘 하는 사람이 많이 있지만 현재 국방대학원 총장직을 맡고 있는 박창명 장군은 어떤 장소,

어떤 분위기에서도 재치 있는 말을 잘하는 것으로 유명하다. 박창명 장군은 ROTC 출신으로 중장까지 오른 몇 안 되는 인물인데, 총학생회장을 하던 학생시절부터 분위기를 압도하는 말을 잘 했었다. 특히 동창회와 같이 사람이 많이 모인 공식적인 자리에서 즉흥적인 건배 제의를 받아도 아무 거리낌 없이 마치 준비된 것처럼 짧고 강렬한 건배사로 좌중을 사로잡는다. 그런데 가만히 살펴보니 박장군이 그렇게 말을 잘하는 이유는 평소 연설을 많이 한 경험 때문이기도 하겠지만 그것을 위해 남의 말을 경청하고 적절히 말하는 연습을 많이 했기 때문이다. 즉, 말을 잘하기 위해서는 인내심을 가지고 남의 말을 끝까지 경청하고 남모르게 말하는 연습을 해야 한다. 그래서 나는 제자들과 모임을 가지면 즉석에서 돌아가면서 한 마디씩 건배제의를 해 보라고 권하는데, 이렇게 사람들 앞에서 짧은 말이라도 연습을 하다 보면 정말 말을 조리 있게 잘하게 된다.

이 세상에서 가장 못나고 나쁜 사람이 남의 얘기를 전하는 사람이다. 옛날 말에 발 없는 말이 천리를 간다고 한번 퍼트린 말은 순식간에 퍼지게 되어 있다. 따라서 좋은 얘기든 나쁜 얘기든 상대가 허락하지 않은 말을 다른 사람에게 전하는 일은 아주 잘못된 것이다. 말은 또 다른 말을 만들어내는 성질이 있어 본래의 의도와는 전혀 다르게 전달되고, 또 다른 소문이 되어 순식간에 퍼져 나가기 때문이다. 요즘 인터넷을 통해 많이 느끼겠지만 소문이란 정말 무서운 것이다. 자칫하면 한 사람의 명예를 짓밟고 세상 밖으로 내몰게 되며 때로는 사람을 죽음으로 몰고 가기도 하고 오해와 불신이 팽배해지게 만든다. 그래서 남의 말을 잘 옮기는 사람 치고 성공하는 사람을 나는 본 적이 없다.

그러니 여러분은 절대로 남의 말을 함부로 전하지 않기를 바란다. 남의 얘기를 전하는 일은 참으로 쓸모없는 일일 뿐만 아니라 경우에 따라서는 매우 나쁜 일이다. 시간 낭비는 물론이고 생각 없이 전한 말로 인해 당사자가 받아야 하는 괴로움이나 충격은 상상을 초월할 수도 있기 때문이다. 역으로 지금 이 순간 누군가가 나의 이야기를 한다고 생각해 보면 기분이 불쾌할 것이다. 특히 나의 단점이나 실수를 말하고 있다고 생각하면 불쾌함을 넘어 참을 수 없는 모욕감을 느끼게 된다. 그래서 사회에서 성공하기 위해서는 입단속을 잘 해야 한다. 여러분은 꼭 필요한 말만 하되, 희망적이고 상대의 귀도 즐거워지게 말하는 습관을 갖도록 노력하길 바란다.

상대의 장점을 말하고 칭찬하라

많은 사람들은 내가 덕담이나 칭찬을 너무 지나치게 많이 한다고 하지만, 칭찬이나 덕담을 듣고 싫어하는 사람을 나는 본 적이 없다. 그래서 대화에 있어 칭찬이나 덕담은 아무리 많이 해도 손해를 보지 않는데, 화술의 달인들은 처음 만나는 사람과 가까워지려면 상대의 장점을 빨리 파악하여 그것에 대해 말하는 것이 좋다고 권고한다. 그런데 칭찬은 고래도 춤을 추게 한다는 말이 있듯이 어떤 일에 칭찬을 받은 사람은 더욱 신이 나서 그 일을 더 잘하게 된다. 학생들의 경우도 이와 다르지 않아, 설령 공부를 좀 못해도 잘하는 점을 자주 칭찬해 주면 그 점을 더욱 갈고 닦아 후에 크게 성공하는 것을 나는 자주 경험했다. 이처럼 세상의 모든 사람들은 자신의 장점에 대해 다른 사람이 말하는 것을 결코 싫어하지 않으며, 다른 분야에 대해서는 말을 아껴도 자신이 잘하는 분야나 관심 있는 분야에 대해서는 자연스럽게 말을 쏟아놓는다. 그러므로 대화에 있어 칭찬이나 덕담은 대화의 분위기를 한결 좋게 만드는 장점이 있다.

　나는 여러분도 상대방에 대해 덕담이나 칭찬을 잘하는 사람이 되길 바란다. 좋은 얘기만 해도 부족할 판에 상대가 듣기 싫어하는 말이나 상대와는 전혀 무관한 이야기를 늘어놓는다면 그것을 좋아할 사람이 단 한 사람도 없기 때문이다. 특히 사람을 만나는 일을 하는 사람이라면 이런 대화의 기술이 더욱 필요하다. 보통 사람들은 상대가 자신의 장점을 얘기하면 아무리 말하기 싫거나 일이 바빠도 상대의 말을 무시하지 못한다. 이는 사업에만 국한되는 것이 아니다. 칭찬은 인간관계나 사랑에서도 꼭 필요하다. 일반적으로 남자가 마음에 드는 여성과 사귀고 싶어 할 때는 먼저 상대를 추켜세워 주는데, 대부분의 여자들은 자신이 아름답다거나 성격이 좋다거나 또는 능력이 있어 보인다는 말을 싫어하지 않는다. 그렇다고 상대를 무작정 과장하여 추켜세우는 것은 좋지 않다. 사실과 전혀 다른 것을 장점이라고 떠들어대는 것은 오히려 역효과가 나며 안 하는 것만 못하다. 진실한 마음과 매너 있는 태도로 상대의 장점을 편안하게 말해야 상대도 자연스럽게 내 사람이 될 수 있다.

자녀들의 교육에 있어서도 칭찬은 사랑의 매보다 훨씬 큰 효과가 있다. 진심을 담은 칭찬의 말은 애정의 스킨십과 마찬가지로 자녀들에게 풍족한 사랑과 믿음을 심어주어 올바르게 자라게 한다. 다시 말해 자녀들을 향한 현명한 칭찬은 꽃과 태양의 관계와 같은 것이다. 많이 알려졌지만 식물도 칭찬을 해주면 더욱 잘 자란다. 새싹이 나왔을 때, 꽃이 피었을 때, 열매가 커졌을 때, 물을 주면서 칭찬을 해주면 잎은 더 싱싱해지고 열매는 더 탐스럽게 자라게 된다. 어린 자녀들도 이와 마찬가지여서 평소 칭찬이라는 햇살을 많이 받으면 얼굴에서 싱싱한 빛이 나고 탐스럽고 훌륭한 열매로 자라게 되어 있다. 따라서 여러분은 육아에 성공하려면 자녀들에게 칭찬을 아끼지 말아야 한다. 칭찬은 행위의 삯이라는 말처럼 훗날 자녀들의 성공은 부모들이 어떻게 했느냐에 따라 달라질 수 있다.

세상의 이치가 그렇듯이 우리가 어떠한 태도를 취하느냐 하는 것은 전적으로 우리 자신의 책임이다. 내 경험에 비춰보면 좋은 대인관계를 유지하는 것은 좋은 대화의 기술에 의해 거의 결정된다고 할 수 있다. 따라서 자녀들의 교육이나 대인관계에서 성공하기 위해서는 칭찬의 기술을 연마하여 잘 활용하는 것이 필요하다. 사람들은 누구나 칭찬받기를 좋아하고 칭찬을 받으면 행복해진다. 그런데 칭찬은 받는 사람뿐만 아니라 하는 사람도 즐겁게 만들며, 게다가 그것을 지켜보는 다른 사람도 즐겁게 만드는 속성이 있다. 즉, 칭찬은 모든 사람을 즐겁게 만드는 묘한 매력이 있어 모든 일을 성공적으로 이끌어주는 청량제와 같다. 칭찬에는 그 어떤 제한도 없으며 하면 할수록 더욱 좋다. 그러니 여러분은 칭찬에 인색하지 말고 누구든지 칭찬받을 만한 어떤 일을 했는지 구체적으로 찾아 말하는 노력을 하길 바란다. 그리고 칭찬은 즐거운 것이기 때문에 이왕이면 많은 사람들 앞에서 공개적으로 하면 모든 사람이 즐겁게 되어 더욱 좋다.

품위 있는 언어습관을 길러라

품위가 있으면서도 논리적으로 말하는 습관은 인생을 자연스럽게 성공으로 이끌어 준다. 화술은 단순한 언어의 유희나 심리적인 마술이 아니라 상대와의 인간관계를 가깝게 만드는 자기표현의 기술이다. 요즘 우리 사회는 과거에 비해 선거가 많아지면서 연설을 들을 기회가 많아졌는데, 확실히 말을 잘하는 사람과 그렇지 않은 사람은 확연히 구별된다. 연설을 잘하는 사람은 마치 대사를 외운 것처럼 끊이지 않는 달변에 정확한 단어를 선택하여 말을 한다. 게다가 중간중간에 유머는 기본으로 들어 있어 많은 사람의 마음을 한순간에 사로잡는다. 그러나 연설을 못하는 사람은 어딘지 모르게 말이 딱딱하고, 힘을 줄 곳과 힘을 주지 말아야 할 곳에서 말이 꼬이기도 한다. 그런데 오랜 기간 대학원생들의 발표수업을 담당했던 내 경험에 비춰보면, 대중 앞에서 말을 잘 못하던 사람도 발표를 계속해서 반복하다 보면 언제 그랬냐는 듯 뛰어난 언변을 자랑하게 된다. 말도 지속적인 연습을 통해 달변이 될 수 있다.

화술은 이제 정치인에게만 필요한 것이 아니다. 각종 사업의 설명이나 회사의 업무보고 등에 파워포인트 사용이 일반화되면서 발표력이 성공을 좌우하는 시대가 되었다. 대학의 교수들도 공개발표를 통해 채용되고 각종 연구프로젝트도 공개발표를 통해 당락이 결정된다. 대학 교수들은 매일 학생들 앞에서 강의를 해야 하기 때문에 일반인보다 말을 잘 할 수밖에 없는데, 특히 우리 학과의 교수들은 다른 학과에 비해 모두가 하나같이 뛰어난 발표력을 자랑한다. 그 가운데서도 주선태 교수는 더 화술이 뛰어나고 발표력이 남다른데, 나는 이제껏 살아오면서 주교수만큼 공개발표를 잘하는 사람을 보지 못했다. 평소 주교수는 유머감각이 뛰어나 학과회의를 할 때 분위기 메이커 역할을 하는데, 말을 재미 있고 조리 있게 잘하는 바람에 축산학과 교수임에도 불구하고 우리 지역 방송의 토론프로그램 사회자로도 활약하고 있다. 방송이나 격식을 갖춘 공식적인 모임에서 사회자로서 논리정연하게 말하는 것은 결코 쉬운 일이 아닌데 주교수는 그것을 너무나 자연스럽게 잘한다. 그런데 그런 주교수도 처음부터 논리적으로 상황에 맞는 적절한 언어를 구사할 수 있었던 것은 아니라고 한다. 대학생 때부터 대중 앞에 서서 말하는 것을 부단히 연습하고 경험을 쌓은 결과라고 한다. 즉, 유창한 화술이란 연습의 산물인 셈이다.

그렇다면 말을 잘 하는 사람이 되기 위해서는 어떻게 해야 할까? 세상의 모든 일이 그렇듯이 말을 잘 하는 목표를 이루기 위해서는 많은 책을 읽고 다양한 문장 연습을 하는 노력이 필요하다. 고전이든 현대 작품이든 좋은 작품들을 많이 읽고 어떻게 하면 말을 잘 할 수 있을지 연구해야 한다. 책을 읽을 때는 문체와 어휘의 사용에 정신을 집중하고, 조금 더 나은 표현을 생각하면서 읽는 것이 좋다. 보통 같은 의미의 어휘를 사용한다 하더라도 사람에 따라 표현이 달라질 수 있는데, 표현이 달라지면 같은 내용이라도 전달되는 정도에 큰 차이가 나타난다. 따라서 아무리 좋은 내용의 연설이라도 어휘의 사용이 잘못되었거나, 문장에 품위가 없거나, 문체가 정돈되지 않으면 전체적인 분위기가 유지되지 않아 설득력이 떨어진다.

화술이 뛰어나다는 평가를 받기 위해서는 일상에서 대화의 기술을 익히는 것도 매우 중요하다. 무엇보다 정확하고 품위 있으며 겸손한 화술을 몸에 익혀야 한다. 이것은 연극배우들이 사용하는 방법을 따라 하는 것이 좋은데, 성공한 연극배우들은 하나같이 발음이 정확하고 어휘도 적절하게 사용한다. 말은 뜻을 전달하기 위해 하는 것이기 때문에 뜻이 잘 전달되지 않거나 귀에 거슬리는 말투를 하면 원래 의도했던 뜻을 전달하기 힘들다. 정확한 발음과 적절한 어휘를 사용하는 말투를 익히기 위해서는 날마다 큰소리로 책을 읽는 것이 좋다. 책을 읽을 때는 입을 크게 벌리고 하나하나 분명하게 발음해야 하는데, 이때 너무 빨리 읽거나 부정확하게 읽지 않도록 주의해야 한다.

정확한 화술과 함께 꼭 필요한 것이 설득력을 갖춰 품위 있게 말하는 방법이다. 특히 논쟁이 벌어질수록 품위를 갖춘 어휘와 태도에 신경 써야 한다. 물론 평소에 품위 있는 문장을 만들어 설득력 있게 말하는 연습도 중요하다. 정중하고 품위 있게 말하며 재치를 보여주는 사람은 말하는 내용이 정확히 전달되는 것은 물론 그의 인격에도 신뢰를 준다. 그리고 연설이나 대화에는 자신만의 스타일을 갖춰 말하는 것이 필요하다. 보통 사람들은 말하는 내용보다 말하는 사람의 화술이 어떠한지에 따라 그 사람을 평가하기 때문이다. 따라서 말하는 사람의 분위기나 표정, 몸짓, 품위, 억양, 목소리와 같은 것들이 말하는 내용 못지않게 중요하다. 특히 사람들의 호응을 받기 위해서는 무엇보다 목청이 좋아야 하기 때문에 평소 의도적으로 좋은 목소리로 말하는 노력을 기울일 필요가 있다. 이제 화술은 그 사람의 능력을 대변하는 시대이다. 따라서 탁월한 화술을 타고나지 않았다면 부단한 연습을 통해 키울 수밖에 없다.

Part 18 적극적으로 배려하고 표현하라

건강한 성공을 이룬 사람들의 공통점은 항상 자기보다 남을 먼저 배려하며 산다는 점이다. 역으로 말해 그렇게 남을 먼저 배려하며 살다 보면 사회적인 성공이 자연스럽게 뒤따라오게 마련이다. 그런데 남을 먼저 배려한다는 것은 자기의 희생이 뒷받침되어야 하는 것이기 때문에 말처럼 그렇게 쉽지만은 않다. 다시 말해 의도적인 노력이 필요하다는 말이다. 하지만 보통 사람들에게 있어 자기가 먼저 양보하고 배려한다는 것이 처음에는 큰 손해로 느껴지기 때문에 그리 쉽게 되지는 않는다. 그러나 억지로라도 또는 의지로라도 하다 보면 양보하고 배려했던 모든 것이 알게 모르게 자신의 재산으로 남고, 후에 큰 보상으로 돌아오는 것을 경험하게 된다. 그런 면에서 양보하고 배려하며 사는 것이 가장 지혜롭고 현명한 처세술 중 하나라고 할 수 있다.

　우리 학과의 교수들은 우리 대학에서 결속력이 가장 좋은 것으로 유명하다. 지금도 추석이나 설날, 또는 스승의 날 등 일 년에 수차례씩 정년퇴임하신 명예교수님들을 모시고 식사모임을 갖는다. 또 정기적으로 학과의 현역교수들과 명예교수들이 산행을 함께 다니는데, 이렇게 정년퇴임하신 교수님들과 현역교수들이 자주 모임을 갖는 학과는 전국에 있는 대학 중 우리 학과가 아마도 최고일 것이다. 그런데 이렇게 좋은 학과 분위기는 젊은 현역교수들의 열린 마음이 있기 때문이겠지만, 그 중에서도 학과장인 이정규 교수의 배려하는 마음이 있었기에 가능한 일이었다. 어찌 보면 정년퇴임하신 교수님들을 모시고 자리를 함께 하는 것이 귀찮을 것도 같은데, 이정규 교수는 때만 되면 자기가 먼저 서둘러 모임을 주선한다. 그래서 이정규 교수는 여러 사람들로부터 윗사람을 공경하고 배려할 줄 아는 좋은 사람으로 평판이 자자하다.

　이정규 교수는 좋은 사람이라는 평판뿐만 아니라 학과 교수들로부터 리더십도 인정받고 있다. 물론 이 또한 모든 면에서 자기가 먼저 양보하고 배려하기 때문이다. 학과의 공간이나 예산 배분에 있어 자기가 먼저 양보하고, 학과의 다른 교수들을 배려하기 때문에 강한 리더십으로 학과를 이끌어 갈 수 있는 것이다. 이처럼 사회의 어떤 조직에서 진정한 리더십을 발휘하기 위해서는 자기가 먼저 양보하고 배려하는 자기의 희생이 있어야 한다. 그렇지 않고 자기 것을 먼저 챙기거나 자기의 안위를 먼저 고려하면서 다른 사람들을 이끌려한다면 아무도 따르지 않을 것이기 때문이다.

그래서 사회적으로 강한 리더십을 가지고 성공한 사람들은 습관적으로 남을 먼저 배려하는 것이 몸에 배어 있다. 따라서 만약 여러분이 사회에서 성공하기를 바란다면 매사 자기의 욕심을 버리고 남을 먼저 생각하고 배려하는 노력을 하길 바란다.

모든 사람을 존중하라

사회적으로 건강한 성공을 이룩한 사람들의 또 다른 공통점 중 하나는 한없이 겸손하다는 점이다. 예전부터 사람의 마음을 사는 데 겸손은 필수품이라는 말이 있다. 즉, 겸손은 성공과 밀접한 관련이 있는 사람의 태도인 것이다. 그런데 여기서 말하는 겸손은 무조건 비굴해지는 것이 아니라 다른 사람들의 의견에 귀를 기울이고 존중하는 것을 의미한다. 하지만 세상에는 다른 사람들에게 귀를 기울이지 않고 독선적으로 살아가는 사람들도 많이 있다. 그런 사람들은 자존심 때문에 그렇다고 변명을 하지만 그건 자존심이 아니고 겸손하지 못해서 그런 것이다. 그리고 겸손하지 못해 다른 사람을 무시하는 사람들은 무슨 일을 하든지 사람이 따르지 않기 때문에 실패할 수밖에 없는 약한 사람이다. 이것을 역설적으로 말하면 세상에서 가장 강하고 무서운 사람은 겸손하게 다른 사람을 존중하는 사람이다.

내가 알고 있는 사람 중에 가장 겸손한 사람은 우리 대학의 하영래 교수이다. 하영래 교수는 연구능력이 매우 뛰어난 세계적인 학자로 우리 대학의 연구처장까지 역임했지만 나는 그가 어느 때, 어떤 장소에서든지 다른 교수를 실력이 없다고 무시하는 것을 본 적이 없다. 반대로 나는 하영래 교수에 대해 험담하는 사람도 본 적이 없는데, 이 또한 그의 겸손한 인품 때문이라 생각한다. 이처럼 겸손은 사람의 인품 중 가장 가치가 높은 것인데, 만약 여러분들도 겸손한 인품을 가지고 싶다면 세상의 모든 사람을 존중할 줄 알아야 한다. 아무리 하찮은 일을 하는 사람이라도 무시하지 않아야 한다. 길거리에서 보따리 장사를 하는 떠돌이 장사꾼이라도 가볍게 보지 말아야 한다. 행여 길거리에서 구걸하는 걸인을 만나더라도 한심하다고 함부로 평가하거나 침 뱉지 말아야 한다. 또 그 어떤 잘못을 저지른 죄인을 향해서도 함부로 손가락질을 하지 말아야 한다. 세상의 모든 사람은 누구에게나 그만의 삶의 이유가 있기 때문이다. 우리가 각자마다 삶의 이유를 가지고 살아가는 것처럼 그들도 그러하고, 우리도 언제 어떤 모습으로 그런 자리에 서게 될지 아무도 모르기 때문이다.

그러니 여러분은 절대로 남의 인생에 대해 함부로 평가하고 비난하는 우를 범하지 않길 바란다. 남을 존중하면서 자기 삶에 최선을 다하는 사람들은 그 어떤 사람이라 할지라도 함부로 독설을 퍼붓지 않을 뿐만 아니라 자기 방식대로 남의 인생을 해석하지도 않는다. 세상의 일이란 것은 모두 다 자기가 원하는 대로, 또 계획한 대로 이뤄지는 것이 아니다. 따라서 현재 불행한 처지에 있는 사람들도 그렇게 되고 싶어 그렇게 된 것이 아니라는 것을 이해하고 배려할 줄 알아야 한다. 함부로 자신의 잣대로 다른 사람의 삶을 평가하는 것처럼 잔인하고 오만방자한 행동은 없다. 그러니 겸손하고자 하는 여러분은 남의 인생을 함부로 평가하지 말고, 설령 그렇게 평가되더라도 절대 입 밖으로 표현하지 않기를 바란다.

어떤 사람을 존중한다는 것은 그 사람에 대한 배려의 행동으로 나타난다. 사실 어떤 사람을 배려하는 것은 그리 어렵지 않다. 그 사람을 잘 관찰하면 쉽게 배려할 수 있는 마음이 생긴다. 이를테면 어떤 사람의 취미와 습관을 관찰하면 쉽게 그 사람이 좋아하는 것과 싫어하는 것을 알 수 있는데, 보통 사람은 좋아하는 것은 드러내고 싶어 하지만 싫어하는 것은 감추고 싶어 한다. 따라서 그 사람이 좋아하는 것을 드러낼 수 있도록 도와주고 싫어하는 것은 눈에 띄지 않도록 치워주는 것이 훌륭한 배려이다. 그러면 그 사람은 자신이 존중받는다고 느껴 기분이 좋아질 것이고, 그렇게 신경 써준 사람에게 고마움을 느끼게 되어 있다. 하지만 반대로 그 사람이 싫어하거나 꺼려하는 행동을 하거나 들추어낸다면, 당연히 그 사람은 무시당한 기분이 들어 감정이 상할 수밖에 없다. 여기서 중요한 것은 일반적으로 사람들은 작은 것에 감동을 받거나 감정이 상하며, 또 그 기억이 매우 오래 간다는 사실이다. 따라서 아주 작은 배려로 사람을 얻을 수도 있지만 아주 작은 실수로 사람을 잃을 수도 있다. 그러므로 여러분이 성공을 바란다면 아주 작은 것에도 상대방을 배려할 줄 알아야 한다.

때와 장소에 맞는 예의를 지켜라

　때와 장소에 맞게 예의를 지키는 것 또한 사회적인 성공을 위한 필수사항이다. 예의를 잘 지키면 상대가 호감을 가질 수밖에 없기 때문이다. 그러나 처음부터 예의가 바른 사람은 존재하지 않는다. 오랜 기간 교육과 훈련을 통해 예의바른 사람이 되어진다. 그런데 사실 사회적으로는 착한 사람 이상으로 중요한 것이 예의를 갖춰 행동하는 사람이다. 예의를 알지 못하면 지식이나 능력 같은 모든 것이 쓸모없다. 따라서 여러분도 예의를 지켜 행동할 수 있도록 매일 노력하길 바란다.

　보통 예의와 도덕은 같은 범주에 있다고 할 수 있지만, 예의는 선행 이상으로 사람들에게 호감을 준다. 일반적으로 예의는 자신을 억제하여 상대방에게 맞추려고 노력하는 분별 있고 양식 있는 행위라 할 수 있다. 그러나 분별과 양식이 있다고 해서 모두 예의가 바르다고 할 수는 없다. 예의라는 것은 지역, 환경, 사람에 따라 크게 달라질 수 있기 때문이다. 다시 말해 직접 경험하지 않으면 그 사회에 맞는 예의가 무엇인지 알 수 없다. 따라서 어떤 사회에서 예의를 지키며 살기 위해서는 그 사회에 대한 이해가 필수적으로 요구된다. 이 말은 예의바른 사람이 되기 위해서는 부단한 노력과 많은 경험이 필요하다는 뜻이다.

　예의를 지킨다는 것은 때와 장소에 따라 달라질 수밖에 없으며, 어느 사회에서 살고 있다 하더라도 다양한 경험이 없으면 예의를 갖추는 데 어려움이 따를 수밖에 없다. 연장자나 손윗사람, 또는 지위가 높은 사람뿐만 아니라 아랫사람에게도 예의를 갖춰야 한다는 것은 모두 알고 있지만 사람마다 예의바른 태도의 기준이 다를 수 있기 때문이다. 하지만 어떤 경우든지 배려가 부족하면 예의가 없는 것으로 평가될 수 있다. 그런데 보통 사람들은 윗사람에게는 예의를 잘 지키지만 아랫사람에게는 예의를 갖추지 않고 심지어 무시하기까지 한다. 즉, 지위가 낮은 사람은 배려하지 않으면서도 지위가 높은 사람이나 저명한 사람에게는 예의를 갖춰 행동한다.

솔직히 말하면 나도 젊었을 때는 그랬었다. 나보다 윗사람이나 어른들께는 예의를 갖추는데 최선을 다했지만 나머지 사람들에게는 예의를 갖추지 않고 편하게 대했던 것 같다. 그런데 어느 정도 시간이 지나고 나니, 내가 무례하게 대했던 사람들이 나를 적대시하고 있다는 것을 깨닫게 되었다. 그 사람들은 내가 시건방지고 교만하다며 나를 좋게 말하고 다니지 않았는데, 당시 나는 그들이 나를 시기하고 질투하는 것이라 생각했다. 어리석게도 젊고 어렸던 나는 그 당시에는 판단력이 부족해 그런 사실들을 잘 인식하지 못했다.

일반적으로 젊은 사람들은 나이든 사람보다 배려가 부족한 편이다. 마치 명령조의 말투가 자신의 권위를 보여주는 것이라고 착각하기도 한다. 또 어리석게도 다른 사람에게 교만하게 구는 바람에 적대감을 만들어 내기도 한다. 이 같은 예는 특히 같은 나이의 또래나 친구 사이에서 쉽게 나타날 수 있다. 비슷한 사람들은 특별히 어떤 존경을 표하거나 경직된 예의를 갖추지 않아도 되고,

따라서 행동이 자연스럽게 되고 긴장감도 떨어지기 마련이다. 그렇다 하더라도 서로가 일정한 선을 지키지 않으면 불쾌하게 되기 때문에 기본적인 예의는 갖추어야 한다. 특별한 존경은 아니더라도 누구나 어느 정도의 배려는 기대하기 때문에 상대방에게 주의를 기울이지 않거나 무례한 행동을 하는 것은 자제해야 한다. 특히 상대방이 여성일 경우에는 지위와 나이에 관계없이 지나치다 싶을 정도의 배려를 하는 것이 좋다. 즉, 조금은 아첨같이 보일지라도 여성에게는 좋아하는 것과 싫어하는 것은 물론 변덕스럽고 건방진 행동까지도 철저히 배려해 주는 것이 좋다.

　세상에는 지식이 짧은 사람이 있는가 하면 태도가 좋지 않은 사람도 있다. 그러나 누군가에게 무시를 받아도 괜찮을 만큼 하찮은 사람은 없다. 사람은 혼자서만 살 수 없는 사회적 동물이고 언제 누구에게 도움을 받아야 할지 모른다. 만약 어떤 사람이 나에게 한번이라도 무시당한 적이 있다면 그 사람은 결코 내가 어려움에 처했을 때 도움의 손길을 내밀지 않는다. 타인으로부터 받은 불이익은 언제든지 용서할 수 있지만 타인에게서 받은 모욕은 쉽게 용서하기 어렵다. 따라서 어떤 사람을 무시하면 언젠가 자신에게 불이익의 결과로 돌아온다는 사실을 가슴에 새겨야 한다. 특히 어떤 사람은 자존심 때문에 모욕을 당하면 분노를 느끼고 그 분노를 가슴에 묻어두고 살아간다. 따라서 원수를 만들고 싶지 않다면 상대를 드러내놓고 무시하거나 약점을 건드리는 일은 하지 않는 것이 좋다.

진심을 적극적으로 표현하라

　일반적으로 자기의 느낀 바를 주저하지 않고 표현하는 사람은 매력적으로 보이고 사람들의 호감을 얻는다. 따라서 사회적으로 성공하기 위해서는 자신의 감정을 표현하는데 인색하지 않도록 노력하는 것도 필요하다. 특히 좋은 것이거나 떳떳한 것일수록 자신 있게 표현하는 것이 좋다. 표현하지 않는 것은 겸손한 것과 다른 것이며 표현을 절제한다고 인격이 높아지는 것도 아니다. 그러니 여러분은 사랑하는 사람에게 사랑한다고 말하고, 고마운 사람에게는 감사하다고 인사하길 바란다. 또 무엇이든 잘한 사람에게는 잘했다고 칭찬하는 습관을 기르길 바란다. 그렇다고 거짓된 표현을 하라는 말은 아니다. 진실을 진심으로 표현하라는 말이다. 진실하고 솔직한 표현일수록 상대가 느끼는 즐거움과 기쁨은 두 배가 된다. 그리고 진실한 마음으로 표현을 솔직하게 하는 사람일수록 주변 사람들의 인기를 독차지하게 된다.
　자신의 생각을 표현할 때는 의지는 분명하되 부드럽게 해야 한다. 항상 의지와 표현이 조화를 이루어야 한다는 말이다. 언행이 부드러우면 다른 사람에게 호감과 친근감은 줄 수 있지만, 의지가 분명하지 못한 상태에서 표현만 부드러운 것은 소극적이고 우유부단한 것으로 비춰질 수 있다. 반대로 강한 의지를 가지고 거칠게 표현하면 매사를 사납게 밀어붙이는 독불장군 같은 사람으로 평가받을 수 있다. 그런데 의지가 강한 사람은 표현이 부드러운 것을 약한 것으로 오해하여 모든 것을 강하게 밀어붙여야 한다고 생각한다. 그러나 이 같은 태도는 약한 사람에게는 통할지 모르나 역시 의지가 강한 사람에게는 충돌과 갈등의 요인만 될 뿐이다. 그렇다고 일관되게 부드러운 것도 좋은 것만은 아니다. 표현이 부드러운 사람들은 유연한 자세로 모든 것을 처리하다 보니, 자기의 주장보다 다른 사람에게 맞춰 행동하기 때문에 교활하게 비춰질 수 있다. 따라서 의지와 표현은 조화롭게 하는 것이 필요하지만, 이게 그렇게 말처럼 쉽지 않은 것도 사실이다.

사회적으로 성공한 지도자들은 하나같이 강인한 의지와 함께 부드러운 표현을 일관되게 유지하면서도 겸손한 태도를 보여준다. 이런 사람들은 아랫사람에게 지시를 할 때도 겸손한 태도로 하지만 그 지시에는 어딘지 모를 위엄이 있다. 그래서 아랫사람도 자연스럽게 그 지시를 받아들이면서도 한 치의 소홀함 없이 그 지시를 실천한다. 하지만 현명하지 못한 사람은 아랫사람에게 무작정 강압적인 지시를 내리기 때문에 오히려 아랫사람의 반발심을 유발하여 역효과를 불러오기도 한다. 나도 40년간 대학에 근무하면서 윗사람의 지나치다 싶을 지시를 받은 아랫사람이 윗사람에게 불복하는 것을 몇 차례 목격한 적이 있다. 따라서 사회적으로 성공하는 리더가 되고 싶은 사람은 부드러운 카리스마를 가지고 겸손하게 사람들을 대해야 한다.

어떤 표현을 할 때는 진심을 가지고 상대의 눈을 똑바로 보고 하는 것이 좋다. 사람의 본심은 눈에 드러나게 되어 있기 때문에 대화를 할 때에는 상대방의 눈을 보면서 해야 한다. 만약 그렇지 않으면 무언가를 숨기고 있지나 않은지 의심을 사게 될 수도 있다. 물론 대화하고 있는 상대의 눈을 보지 않는 것은 예의에도 어긋난다. 대화 중 상대가 다른 곳을 바라본다든가 물건을 만지작거리는 것을 좋아할 사람은 단 한 사람도 없기 때문이다. 혹시 자존심이 강한 사람이면 이런 행동이 자신을 무시하는 것으로 느껴 얼굴을 찌푸리거나 화를 낼 수도 있다. 이처럼 대화를 하면서 상대방의 눈을 바라보지 않는 것은 자신의 이미지를 구길 수 있는 나쁜 버릇이다. 반대로 상대방이 말하는 바의 진위를 알기 위해서라도 상대의 눈에 집중해야 한다. 마음에 없는 말을 입으로 말하는 것은 쉽지만 눈까지 속이는 것은 그리 쉽지 않기 때문이다.

Part 19 끊임없이 공부하고 배워라

배움에는 끝이 없기 때문에 사람은 죽는 날까지 배우며 살아야 하겠지만, 대학을 졸업하고 삶의 전선에 뛰어든 사람이 무엇인가를 다시 배운다는 것은 그리 쉬운 일이 아니다. 하지만 우리 사회에서 성공한 사람들을 자세히 살펴보면 끊임없이 새로운 것을 공부하고 배우는 데 노력을 아끼지 않는 것을 알 수 있다. 물론 세상을 살다 보면 모든 사람들이 좋든 싫든 새로운 것을 배우게 되지만, 성공한 사람들은 그 배움에 있어 남다른 열정과 노력을 한다는 말이다. 배우지 않는 사람은 게으르며 거만하고 오늘에만 만족하는 사람이라고 할 수 있다. 따라서 오늘에 만족하는 사람은 내일의 꿈이 없는 사람이라고 할 수 있고, 꿈이 없기에 성공한 인생을 살지 못하는 경우가 대부분이다.

지난 해 고인이 되신 박충생 총장님은 돌아가시기 3개월 전에 중장비 운전면허증 시험에 합격하셨다. 그 치열한 암 투병 중에 포클레인 운전법을 배우신 것이다. 혹자는 그런 총장님을 보고 그 열정으로 치료에 더 신경을 썼더라면 좋았을 것이라 말하지만, 총장님은 포클레인 운전법을 배워 직접 뒷산을 개간하는 꿈을 가졌기에 행복하셨다고 말했다. 비록 총장님은 그 중장비 운전면허증을 제대로 활용해 보지도 못하고 이 세상을 떠났지만, 한 가지 분명한 것은 총장님은 포클레인 운전을 배우시는 것이 당신의 남은 인생에 있어 매우 의미 있는 일 중 하나로 생각하셨다. 포클레인 운전석에 앉아 진땀을 흘리며 운전을 배우시는 동안 총장님은 정말 어린아이처럼 즐겁고 행복해하셨다. 그런 면에서 박충생 총장님은 진정으로 꿈을 이뤄가며 성공한 인생을 사신 분이라 할 수 있다.

세상에는 완벽한 사람이 있을 수 없다. 많이 배웠다거나 권력과 명예를 획득했다고 해서, 또 나이가 들었다고 해서 더 이상 배울 것이 없는 것은 아니다. 나에게는 특별한 제자가 한 분 계신데, 나의 정년퇴임과 함께 박사학위를 받게 되는 박만종 회장이 바로 그 분이다. 박만종 회장은 연세가 올해로 71세이시니 아마도 우리 대학에서 정식으로 박사학위를 취득한 최고령자일 것이다. 현재 2만두 규모의 양돈장을 경영하고 계시는 박만종 회장은 죽는 날까지 양돈에 대해 연구하고 공부하고 싶다고 박사과정에 진학하셨다. 그리고 박사과정 동안 만학도로서 일반대학원생보다 더한 열정으로 공부를 하여 많은 사람들에게 진정한 배움이 무엇인지 좋은 실례를 보여주셨다. 이처럼 배움에는 지식, 권력, 명예, 나이와 전혀 상관이 없는 것이다. 그래서 옛말에 3살 먹은 아이한테서도 배울 것이 있다고 했다. 그러니 마치 하루 세 끼 밥을 먹는 것처럼 우리의 배움은 매일 계속되어야 하는 것이다.

책 속에 성공의 열쇠가 있다

우리의 삶은 새로운 것을 받아들이고 그것을 배우고 익혀 사용할 때에만 발전할 수 있다. 따라서 새로운 것에 대한 마음의 문을 닫지 말고 항상 열어 두는 태도가 성공을 위해 매우 중요하다. 그리고 일단 한번 자기 것이 된 지식은 시간이 지나면서 남아 있는 삶을 편하게 만들어주는 양식이 된다. 그러므로 성공을 바라는 사람은 배움에 대한 열정과 태도를 잃어서는 안 된다. 특히 학생들은 젊은 날의 소중한 시간을 아끼고 가치 있게 활용하여야 한다. 배움에도 적절한 때가 있기 때문이다. 만약 젊은 시기를 허비하면 지식을 쌓지 못하는 것은 물론 인생의 장기계획을 세우기도 힘들다. 하지만 반대로 이 시기를 잘 관리하고 다양한 경험을 쌓는 사람은 미래의 인생이 충실해질 수 있다.

그래서 학생시절에는 무엇보다 책을 가까이 하고 지식과 학문의 기초를 닦는 데 게을리하지 않아야 한다. 한번 기초를 다져두면 그 틀 위에 지식을 더 많이 쌓아 갈 수 있기 때문이다. 그러나 학생시절에 기초를 다져 두지 않으면 더 많은 지식을 쌓을 수 없어 사회가 필요로 하는 매력적인 사람이 될 수 없다. 젊은 날의 시간은 흐르는 물과 같이 되돌리기 어려운 것처럼 지식과 학문의 기초는 나이가 들면 더욱 다지기 힘들어진다. 대학을 졸업하고 사회에 나가면 학문에 힘쓸 시간적 여유가 많지 않기 때문이다. 행여 여유의 시간이 난다 하더라도 책을 읽을 수 있는 시간을 내기는 그리 쉽지 않다. 따라서 아무런 걱정 없이 공부할 수 있는 때는 학생 시기뿐이라 할 수 있다. 그러므로 학생들은 가능한 읽을 수 있는 모든 책들을 읽어두는 것이 좋다. 그렇게 시간을 아껴 얻은 지식들이 남은 인생을 자유롭고 편안하게 만들어준다는 것을 명심하기 바란다.

우리는 살아가면서 풀어야 할 인생의 수많은 답들을 책속에서 발견할 수 있다. 또한 책에는 인생의 많은 가능성들이 숨겨져 있기 때문에 독서는 모든 사람에게 희망을 준다. 책은 열려져 있는 문과 같기 때문에 그 문을 열고 들어 간 사람만이 책이 주는 유익을 누릴 수 있다. 그러므로 우리가 마치 휴대폰을 모두 들고 다니는 것처럼 항상 책도 가지고 다녀야 한다. 휴대폰을 사용하는 횟수만큼 책을 펼쳐 읽어야 한다는 말이다. 즉, 버스나 전철 안에서 휴게실이나 커피숍에서 언제 어디서나 휴대폰을 사용하는 것처럼 시간만 나면 습관적으로 책을 펼쳐 읽는 것이 좋다. 요즘 현대인들은 정신적 풍요보다는 물질적 풍요에 너무 집착하고 있다. 이렇게 물질적 풍요에 집착하다 보면 사람은 점점 물질의 노예가 되어갈 수밖에 없으며, 건강한 성공과도 점차 멀어지게 되어 있다. 그런데 만약 휴대폰이 우리에게 물질적인 풍요를 제공한다면 책은 정신적인 풍요를 책임진다. 따라서 휴대폰처럼 책을 휴대하고 다니다 보면 정신과 물질이 조화를 이뤄 건강한 성공이 자연스럽게 따라온다.

짧은 시간을 이용해 책을 읽는 것은 확실히 다른 것과 비교할 수 없는 기쁨을 준다. 그렇다고 아무 책이나 들고 다니며 읽으라는 말은 아니다. 특히 쓸데없이 지루하기만 한 책은 피하는 것이 좋다. 이해하기 힘들고 무거운 책은 짧은 시간에 효과적으로 책을 읽고 즐거움을 얻기에는 부적합할 뿐만 아니라 정신건강에도 좋지 않다. 따라서 항상 휴대하고 다니는 책은 가볍고 교양적인 것이 좋다.

책을 읽을 때는 목표를 정하고 그 목표가 달성될 때까지는 다른 책을 들지 않는 것이 바람직하다. 그런데 다양한 책을 읽다 보면 서로 내용이 상반되거나 때로는 모순이 되는 책도 있을 수 있다. 이럴 때는 다른 책과 대조해 보는 것이 내용을 분명하게 파악하는 데 도움이 되고 지식을 넓게 만든다. 또 책을 읽은 것만으로는 내용을 빨리 파악할 수 없는 책도 있는데, 이런 경우에는 다른 사람과 책의 내용을 토론한다거나 직접 내용과 관련된 자료를 찾아보는 것이 좋다.

역사에서 성공을 배워라

현재를 성공적으로 살아가기 위해서는 역사에서 세상 보는 안목을 키우는 것이 도움이 된다. 사람이 성공하는 방식은 옛날이나 지금이나 비슷하기 때문이다. 따라서 성공하는 삶을 살기 위해서는 어떤 공부보다도 역사공부가 중요하다. 그래서 요즘도 많은 사람들이 사극 드라마에 열중하고, 사극의 주인공이 성공을 이룩해가는 과정을 현재의 자기 모습에 투영해 보기도 한다. 하지만 과거에 벌어졌던 일이 현재에도 똑같이 이루어질 것으로 믿는 것은 옳지 않다. 과거의 사례를 통해 현재의 문제를 검토하는 것은 중요하지만 신중을 기해야 한다는 뜻이다. 즉, 역사 이래 똑같은 사건은 일어난 일도 없고 일어날 수도 없기 때문에, 사안이 비슷하다는 이유로 무조건 과거의 사례를 통해 문제를 해결하려는 것은 현명하지 못하다. 역사는 단지 좋은 참고자료로만 이용하는 것이 올바르다.

건강한 성공을 위해 역사책을 읽는 것만큼 좋은 공부는 없다. 내 주변에도 존경할 만한 성공을 거둔 사람들은 하나같이 역사책 읽기를 즐겨하는데, 그런 사람들은 역사에 대해 해박한 지식을 가지고 있기 때문에 역사적 사실을 예로 들면서 대화를 주도하거나 훌륭한 연설을 하기도 한다. 그런데 사실 그 어떤 역사책도 사건의 전후 실체를 완벽하게 기록한 것은 없다. 따라서 과거에 일어난 사건의 실체적 진실을 정확히 안다는 것은 거의 불가능한 일이다. 단지 어떤 사건이 왜 일어났는지 추측할 수밖에 없으며, 따라서 시간이 오래된 역사일수록 신빙성은 그만큼 더 약할 수밖에 없다. 하지만 아무리 그렇다 하더라도 역사책을 읽다 보면 세상을 보는 안목이 다양해지고 높아진다. 따라서 만약 여러분이 성공을 원한다면 서점에서 책을 고를 때 가급적 역사와 관련된 책을 고르는 것이 좋다.

누구나가 상식적으로 알고 있는 역사적 사실은 그와 관련된 몇 권의 책을 읽고 확실하게 알아두는 것이 바람직하다. 즉, 어떤 역사적 사실을 TV 드라마를 통해 이해한다거나 소설책을 통해 알게 되는 것은 좋지 않다. 게다가 이렇게 습득한 정보를 다른 사람에게 마치 역사적 사실인 양 말하는 것은 자신의 무지를 스스로 드러내는 것과 같다. 따라서 유명한 역사적 사실들은 정서를 통해 지식으로 익혀 두는 것이 바람직하다. 먼저 세계사든 우리나라 역사든 대사건을 중심으로 알아둔다. 그 다음 나라별로 간단한 역사책을 읽고 개요를 파악한다. 여기에 각 사건들의 원인 및 그 사건이 어떤 영향을 끼쳤는지까지 알아둔다면 금상첨화라 할 수 있다.

나도 그렇지만 많은 사람들에게 있어 훌륭한 위인들은 인생의 좋은 지표가 된다. 그런데 이렇게 자신에게 의미 있는 역사적 인물이나 사건은 다양한 책을 통해 여러 관점에서 이해해 두는 것이 좋다. 예를 들어 어떤 사람은 박정희 대통령을 우리나라의 경제를 일으킨 훌륭한 사람이라고 평하지만, 또 어떤 사람은 많은 사람들의 인권을 유린한 독재자라고 평하기도 한다. 따라서 박정희라는 사람을 제대로 이해하기 위해서는 그와 관련된 다양한 책을 읽어야 하며, 그 당시 시대와 사건들에 대해 여러 관점에서 접근하는 것이 필요하다. 하지만 많은 사람들은 역사책을 읽을 때 내용을 충분하게 이해하지 않고, 단지 책에 쓰여 있는 사실만을 머릿속에 담아두려 한다. 그러나 이렇게 얻어진 정보는 단편적일 뿐만 아니라 쉽게 잊어버리기 때문에 정작 필요할 때는 무용지물이 되기 쉽다. 따라서 어떤 인물에 대한 정보는 인물평전을 통해 다양하고 정확하게 습득해야 유용하게 사용할 수 있다.

역사에는 여러 분야에서 성공을 이룩한 많은 사람들이 있다. 그리고 그들의 일생을 읽는 것은 오늘을 사는 우리에게 성공에 대한 비전을 갖게 하고, 또 구체적인 성공의 방법을 터득하게 해준다. 비록 역사란 것이 오래된 과거의 기록이기 때문에 역사책에 쓰여 있는 모든 것이 진실은 아니라고 할지라도, 누구나 인정하는 역사적 위인들과 그들의 성공적인 삶은 존재한다. 그리고 그들의 삶을 배우는 것은 현대를 사는 우리의 삶에 커다란 유익을 준다. 따라서 여러분들도 많은 역사적 인물들로부터 성공의 노하우를 터득하길 바란다.

그러나 공부만 하는 바보가 되지는 마라

요즘 나는 정년퇴임을 앞두고 이런저런 생각으로 밤잠을 설치곤 한다. 특히 퇴임 후 많은 시간들을 어떻게 보내야 생산적이고 보람될 것인지 생각이 많다. 그런데 한 가지 분명한 것은 나는 절대로 내 전공과 관련된 사업은 하지 않을 생각이다. 그 이유는 정년퇴임 후 자신의 전공과 관련된 사업을 해서 성공한 교수들을 나는 본 적이 없기 때문이다. 이는 대학에서 평생을 연구하고 가르친 교수들은 학식은 풍부하지만 세상물정에는 어둡기 때문에 발생하는 당연한 결과일 것이다. 세상이란 이론대로 돌아가는 것은 아니다. 따라서 이론을 아무리 많이 안다고 해도 세상물정에 어두운 사람이라면 현실성이 결여되어 실패하기 십상이다. 그러므로 여러분은 공부도 좋지만 현실을 직시하는 안목도 꼭 갖추길 바란다.

일반적으로 대학교수들은 직업상 아는 것도 많고 말도 잘 하는데, 대부분이 근거가 확실한 말만 하기 때문에 자신의 주장도 매우 강한 편이다. 따라서 누군가 조금이라도 자기의 생각이나 주장과 다른 말을 하면 십중팔구 격한 논쟁으로 이어지곤 한다. 교수들은 오랫동안 대학에서 연구와 교육을 하면서 학생들하고만 생활을 하여 대체적으로 세상물정을 잘 모를 뿐만 아니라 인간관계도 서툴기 때문이다. 그래서 학식과 인품을 떠나서 교수들과 대화하는 것이 답답하다고 꺼리는 사람도 많다. 그런 사람들은 차라리 교양이 조금 떨어지더라도 약간은 세상물정을 알고 있는 사람이 대화상대로는 훨씬 더 낫다고 말하기도 한다. 이처럼 공부만 해서 세상물정을 잘 모르는 것은 사회생활에서 성공하는 것과 거리가 있다.

아는 것을 실천하지 않으면 모르는 것만 못하다는 말이 있다. 하지만 공부한 것을 실천하는 것은 생각보다 그리 쉬운 일이 아니다. 예를 들어 책을 보고 아무리 춤에 대해 완벽히 공부를 했다 하더라도, 다른 사람이 춤추는 것을 직접 보지 않으면 제대로 된 춤을 추기는 어렵다. 이처럼 직접 보고 듣고 체험해서 얻은 지식은 책에서 얻은 지식과 근본적으로 다르다. 세계지도를 펴놓고 열심히 공부한다고 해서 전 세계에 대해 속속들이 알 수는 없는 것과 같은 이치다. 따라서 책상에 앉아 공부하는 것도 중요하지만 그것보다 더 중요한 것은 실제로 사회에서 생활하며 직접 몸으로 체험하는 것이다. 경험이 많은 유능한 의사는 같은 질병이라도 환자의 체질에 따라 처방을 다르게 내릴 수 있는 것처럼, 세상을 두루 경험한 사람은 상황에 따라 적절하게 대처하고 행동할 수 있다. 그만큼 책에서 배운 것과 현실 사이에는 간격이 있다. 그래서 세상에는 지식, 학력, 인격 등이 다소 떨어져도 성공한 사람이 많이 있으며, 그런 사람이 지식이나 학식이 높은 사람들을 잘 다루는 경우도 허다하다. 이는 공부만 한 사람에 비해 사회경험이 많은 사람이 세상 살아가는 방법에 밝을 수 있음을 반증한다. 따라서 여러분은 공부를 하면서 다양한 사회의 경험도 많이 쌓길 바란다.

성공을 원하는 사람들은 매사에 깊게 생각하는 습관을 가져야 한다. 매사 깊이 생각하지 않으면 책을 읽어도 내용을 정확히 파악하지 못하고, 대화를 해도 상대가 하는 말이 정확한지 판단하기 힘들다. 하지만 보통 젊은 사람들은 나이든 사람에 비해 경솔하기 때문에 깊게 생각하는 것을 귀찮게 여기기 쉽다. 그래서 젊고 어리석은 사람들은 나이든 사람들의 사고방식을 고지식하다고 싫어하기도 하고, 심할 경우 반항까지 한다. 그런데 이런 사람들은 깊이 생각하지 않고 쉽게 정보를 받아들이기 때문에 편견에도 쉽게 사로잡힌다. 이러면 사회에서 성공하기 힘들다. 하지만 매사 깊게 생각하는 습관을 들이면 세상을 보는 안목이 넓어지고, 모든 것을 보편타당하게 판단할 수 있다. 물론 그럼에도 불구하고 종종 편견에 빠지는 일이 일어나지만, 그런 일은 일상에 지쳐 순간적으로 심사숙고하지 않았을 때만 나타난다. 즉, 아무리 건강한 정신을 가진 사람이라도 종종 깊이 생각하지 않으면 판단력이 흐려지게 마련이다.

아무튼 건강한 성공을 위해서는 세상을 보편타당하고 올바른 시각으로 바라볼 수 있어야 한다. 그리고 이를 위해서는 자신이 알고 있는 지식이나 생각들을 하나하나 점검해 볼 필요가 있다.

지금 자신이 생각하고 있는 것이 정말 내가 스스로 그렇게 생각하는 것인지, 아니면 책이나 다른 누구에게서 배웠기 때문에 그렇게 생각하고 있는 것인지 점검해 보라는 말이다. 그러면 어떤 사항에 대해서는 자신이 편견이나 독단에 빠져 있음을 깨닫게 될 수도 있다. 만약 이런 점이 발견되면 가급적 빨리 자신의 지식이나 생각을 바르게 수정하는 것이 좋다. 너무 늦어지면 그 사이 편견으로 인한 잘못된 행동으로 나쁜 결과가 초래될 수 있기 때문이다. 또한 여러분은 많은 책을 읽거나 학식이 높은 사람들의 강연을 들으면 지식이 쌓이고 판단력도 좋아지지만, 반대로 책과 다른 사람들의 말이 편견을 길러줄 수 있다는 점도 명심해야 한다. 결국 여러분이 성공하기 위해서는 매사 깊이 생각해서 스스로 옳고 그름을 판단할 수 있는 능력을 갖춰야 한다.

Part 20 다양한 인간관계를 만들어라

나는 요즘 대학생활 40년을 정리하면서 나처럼 인복이 많은 사람이 또 있을까 하는 생각이 자주 든다. 그 이유는 우리 학과의 많은 제자들로부터 복에 넘치는 사랑과 존경을 받고 있기 때문이다. 여기에 덧붙여 나의 연구실 출신 모임인 '육연회'의 제자들과 젊은 교수시절에 지도교수를 했던 '흙써클'이란 동아리의 제자들도 아직까지 나를 챙겨주고 있다. 특히 흙써클은 지금부터 약 30년 전에 만난 제자들로 다른 학과 출신들도 많이 있는데, 지금까지 연락을 끊지 않고 때마다 나를 찾아오고 초청해 주니, 이 또한 나의 큰 복이 아닐 수 없다.

그런데 내가 흙써클의 제자들로부터 누리는 인복의 중앙에는 당시 써클의 회장이었고, 현재 (주)두원공조의 CEO인 서정국 사장이 있다. 작은 박구부로 불릴 정도로 나와 외모와 품성이 비슷했던 서정국 사장은 인간관계를 얼마나 소중히 여기는지, 한번이라도 그와 인연을 맺은 적이 있는 사람들은 절대 그의 기억에서 벗어나지 못한다. 그래서 그런지 부드러운 카리스마를 가진 그는 자연스럽게 각종 모임이나 많은 사람들의 리더가 되었고, 오늘날의 성공을 이루었다. 이처럼 사소한 인간관계라도 소중히 여기는 사람은 주변에 도와주는 사람이 많기 때문에 사회에서 성공할 확률도 매우 높다.

요즘처럼 복잡한 세상은 사람이 그 어떤 것보다 더욱 소중한 재산이다. 아무리 머리가 우수하거나 돈이 많다고 해서, 또 남보다 일을 몇 배나 많이 한다고 해서 성공이 보장되는 시대가 아니다. 성공하는 사람에겐 꼭 도와주는 사람이 있으며 그런 인물의 주변에는 그를 성공시킨 수많은 사람들이 있게 마련이다. 대통령이나 국회의원도 당선되기까지 수많은 지지자와 유능한 참모들의 도움이 필요하다. 심지어 그런 정치인들은 메이크업에서 화술까지 다듬어 주는 많은 사람들이 존재한다. 그러니 성공하기를 원한다면 혼자서 모든 일을 해낼 수 있다는 자만심을 버려야 한다. 자신의 머리나 재력보다 사람을 소중히 여길 줄 알아야 한다는 말이다. 다른 사람을 우습게 여기는 교만함과 오만함을 버리고, 모든 사람을 자신의 사람으로 만들어야 성공이라는 보상이 자연스럽게 따라오게 된다.

좋은 인맥을 만들어라.

　현대 사회에서는 인맥이 재산이기 때문에 다양한 부류의 사람들을 사귀는 것이 여러 모로 좋다. 복잡하고 빠르게 돌아가는 요즘 같은 세상에서는 어떤 일이든 혼자 힘으로 해결하기보다 누군가의 도움을 받는 것이 일처리에 큰 도움이 되기 때문이다. 예를 들어 몸이 아파 병원에 갈 일이 생겨도 잘 아는 의사의 도움을 받으면 보다 빨리 정확하게 진료를 받을 수 있다. 법적 분쟁에 휘말릴 때도 잘 아는 법조인이 있으면 크게 도움을 받을 수 있다. 나도 종종 우리 대학병원에 갈 일이 있으면 의과대학의 박인성 교수에게 부탁을 하곤 하는데, 그때마다 박교수는 귀찮을 듯싶은 데도 나의 일을 일사천리로 해결해 준다. 이는 물론 나와 박교수의 친분관계가 두텁기 때문이다. 그런데 박교수는 평소에 나뿐만 아니라 많은 사람들과도 좋은 친분관계를 유지하고 있다. 때문에 박인성 교수는 항상 많은 사람들로부터 귀찮은 부탁을 자주 받지만, 반대로 그래서 많은 사람들로부터 존경과 인정을 받고 있다. 이처럼 사회에서 성공적으로 살아가기 위해서는 많은 사람들과 친분관계를 유지할 필요가 있다. 어떠한 형태로든 다양한 사람들과 친분을 쌓고 잘 유지하는 사람은 그렇지 않은 사람보다 성공에 보다 가깝게 있다.

　일반적으로 사람 사이의 친분관계는 대등한 관계와 대등하지 않은 관계로 나눌 수 있는데, 능력이나 자질이 비슷한 사람끼리는 관계를 좋게 유지하는 것이 다소 어려울 수 있다. 따라서 이 경우는 더욱 많은 노력이 필요한데, 상호 좋은 관계를 유지하기 위해서는 기본적으로 상대방에 대한 존경이 있어야 한다. 즉, 친한 친구나 입사동기들은 서로의 능력을 인정하고 서로의 성장을 위해 힘이 되어주어야 하는데, 이런 노력이 있다면 설혹 이해가 상충되는 일이 생기더라도 좋은 관계가 쉽게 무너지지 않는다. 서로가 조금씩 한 발 물러서는 배려가 따르기 때문이다. 이렇게 비슷한 시기에 사회생활을 시작하는 친구나 입사동기들은 서로의 장단점을 보안하면서 더 큰 능력을 발휘해야 상호 빠르게 동반 성공할 수 있다.

대등하지 않은 친분관계에서는 어느 한쪽이 일방적인 도움을 주거나 도움을 받게 된다. 하지만 가만히 생각해 보면 어느 쪽이든 일방적인 것은 있을 수 없다. 도움을 주는 쪽도 일방적으로 도움을 주는 것 같지만, 결국 그 도움을 주는 것으로 인해 자신도 도움을 받는다. 예를 들어 사회에서 성공하여 훌륭한 기업을 일군 선배가 동문 후배를 자신의 회사에 취직을 시켜주었다면 선배가 후배에게 일방적인 도움을 베푼 것으로 보이지만 사실은 선배도 후배에게 도움을 받은 것이다. 즉, 도움을 베푼 선배는 회사에 필요하면서도 믿을 수 있는 훌륭한 인재를 얻었을 뿐만 아니라 동문 사회로부터 많은 존경을 얻게 된다. 그러니 대등하지 않는 친분관계라 할지라도 어느 한쪽이 일방적으로 도움을 주거나 받는다고 할 수는 없다. 우리가 살아가고 있는 사회는 일방통행적인 관계란 있을 수 없다.

현재 우리 학과의 동문회장을 맡고 있는 문영식 사장은 평소 인간관계가 좋기로 유명한데, 동문 선후배와 함께 (주)KUT를 설립하여 년매출 천억이 넘는 회사로 성장시켰다. 물론 문영식 사장의 성공은 평소 긍정적 사고로 저돌적인 실천을 하는 사업가의 기질이 뒷받침된 결과이겠지만, 많은 사람들은 그 바탕에 문사장의 넓은 인간관계가 있었기 때문에 가능했다고 증언한다. 특히 문사장은 동문 선후배를 평소에도 잘 챙기기 때문에 인기가 좋은데, 그래서 그런지 우리 학과의 총동문회는 우리 대학의 많은 학과들 중 단결과 화합이 가장 잘 되는 성공적이고 모범적인 동문회라고 정평이 나 있다. 그만큼 동문들 사이에 관계가 좋아 선배와 후배가 서로 끌어주고 밀어주는 좋은 전통이 유지되고 있다는 말인데, 이 또한 문영식 회장의 노력이 컸다. 이처럼 어떤 조직이든 개인이든 성공하기 위해서는 많은 사람들과 친분을 쌓아 좋은 인맥을 만들어 둘 필요가 있다. 따라서 여러분들도 보다 다양한 사람들과 좋은 관계를 유지하기 위한 노력에 게으르지 않기를 바란다.

성공의 동반자가 될 수 있는 친구를 만들어라

나에게는 초임교수 시절부터 우정을 나눠오고 있는 두 명의 친구가 있다. 우리 대학교 농학과의 최진용 교수와 현재 울산과학기술대학교의 총장인 조무제 교수가 그들이다. 물론 이 두 친구 이외에도 많은 친구들이 더 있지만, 정년퇴임을 앞둔 나에게 막말로 직언의 충고를 해줄 수 있는 친구는 이 두 친구밖에 없다. 물론 나도 그들에게 입바른 충고를 자주 하는데, 우리는 그렇게 지난 평생을 서로 각자의 성공을 위해 의논과 충고를 스스럼없이 하면서 보냈다. 그리고 사실 생각해 보면 내가 지난 세월을 큰 실패 없이 비교적 성공적으로 살아온 것도 이 두 친구의 진실한 우정이 있었기 때문이었다. 이처럼 진정한 우정은 쉽게 얻어지는 것이 아니며, 오랜 시간 동안 서로를 이해하는 노력 속에 형성되었다.

나는 여러분도 평생을 함께 하는 친구를 만들고, 그 친구와의 참다운 우정을 통해 성공적인 삶을 살아가길 바란다.

그런데 요즘 젊은 사람들을 보면 무늬만 우정인 경우도 많이 있다. 어쩌다 알게 된 사람들끼리 어울려 함께 유흥을 즐기면서 친해진 것을 우정이라고 하는데, 이는 진정한 우정이라고 할 수 없다. 특히 술과 여자 또는 게임이나 도박 등을 통해 친해진 것을 우정이라고 하는 것을 보면 한심하기 그지없다. 이런 친분관계는 대부분 즉흥적이고 감정적이기 때문에 쉽게 가까워지지만 반대로 쉽게 멀어져버린다. 또 대부분은 의리를 앞세워 돈을 빌리거나 친구를 위한다며 싸움도 마다하지 않지만 결정적인 이해관계에 부딪히면 언제 그랬냐는 듯 돌아서 버리는 얄팍한 관계일 뿐이다. 이런 관계는 한번 감정이 변하면 결코 상대방을 배려해 주지 않기 때문에 오히려 남보다 못한 관계로 전락한다. 따라서 진정한 우정을 나누는 친구와 그저 같이 어울려 즐기는 친구는 구별하여야 한다. 단지 같이 있다고 해서 즐거운 친구가 성공의 동반자가 되는 좋은 친구는 아니라는 말이다.

좋은 친구와의 우정은 나를 발전시키고 성공시켜주는 가장 큰 재산이다. 따라서 여러분은 가급적 여러 면에서 자기보다 나은 친구들을 사귀는 것이 좋다. 다방면에서 우수하고 뛰어난 친구들과 교제하다 보면 자신도 모르게 그런 친구들과 마찬가지로 우수한 사람이 되어 가기 때문이다. 그런데 여기서 말하는 우수한 친구가 집안이나 학벌이 좋은 친구나 지위가 높은 친구를 말하는 것이 아니다. 어떤 조직이나 모임에서 리더십을 가지고 다른 사람들을 이끄는 다재다능한 친구가 우수한 친구이며 학문, 예술, 체육 등 특정 분야에서 성공적인 두각을 나타내는 친구가 우수한 친구이다. 이렇게 우수한 친구는 분명 다른 모든 사람으로부터 인정을 받으며 그런 친구들과 사귀어야 자신도 성공에 보다 가깝게 다가갈 수 있다.

반면 자신보다 수준이 못한 친구와 어울리다 보면 자신도 그런 수준의 사람이 되기 십상이다. 그래서 수준이 낮은 친구들과 교제하는 것은 가급적 피하는 것이 좋다. 보통 덕이 부족하고 지적 수준이 낮은 친구들은 스스로 내세울 만한 것이 없기 때문에 상대적으로 우수한 친구와 교제하는 것을 자랑하고 다닌다. 사회적 지위가 낮은 친구들이 이런 경우가 많은데, 이런 친구와 사귀면 자신이 돋보이기 때문에 기분은 좋을지 몰라도 큰 유익은 없다. 자기보다 수준이 낮은 친구와 친분관계를 유지하는 것은 모두 허영심 때문이다. 즉, 다른 친구들로부터 칭찬과 존경을 받으면서 그 친구들을 휘어잡고 싶은 욕구 때문에 그런 친구들과 사귀는 것이다. 하지만 그런 사소한 칭찬이나 존경을 받기 위해 자질이 낮은 친구들과 사귀는 것은 결코 더 큰 성공을 보장하지 못한다.

친구를 보면 그 사람을 안다고 했다. 이 말은 어떤 친구를 사귀느냐에 따라 그 사람의 인격이 크게 좌우된다는 것을 의미한다. 결점이 많은 친구를 사귀게 되면 나도 그 친구의 결점과 같은 결점을 갖게 되기 쉽고, 도덕적으로 문제가 있는 친구를 사귀면 자기도 모르게 도덕적인 문제를 가질 수 있다. 따라서 이런 친구들은 자연스럽게 멀리하는 것이 좋은데, 그렇다고 지나치게 멀리하는 티를 내어 적을 만드는 것도 좋지 않다. 어떤 친구의 나쁜 점은 멀리하되 그 친구를 적으로 만들지는 말라는 말이다. 이런 친구들은 가깝게 지내지도 말고, 그렇다고 적도 되지 않는 그저 그런 관계를 유지하는 것이 지혜로운 자세이다.

그렇다고 꼭 우수하고 훌륭한 친구만을 교제의 대상으로 삼으라는 말은 아니다. 세상에는 다양한 생각과 다양한 인격을 가진 사람들이 있으며, 생각보다 예외의 사람도 많이 있기 때문이다. 그리고 그런 다양한 사람들과 교제하여 친구가 되는 것은 즐거운 일이며, 또 예상하지 않는 장소나 시간에 의외의 도움을 받을 수도 있다. 요즘 대학생들을 보면 재치가 넘치는 사람이나 유머가 있는 친구들이 인기가 좋은데, 물론 그런 친구들은 만나는 그 자체가 즐겁다. 하지만 재치나 유머가 있는 친구가 분명 호감은 있지만, 그렇다고 너무 재미 위주의 교제에만 관심을 두는 것은 문제가 있다. 앞에서도 말했지만 좋은 친구 사이란 상호 자극을 주어 성공적으로 살아갈 수 있도록 도움을 주는 관계이어야 한다. 따라서 여러분은 삶의 재미와 인생의 성공을 공유하며 살아갈 수 있는 친구와의 우정을 통해 건강한 성공으로 나아가길 바란다.

나만의 인적 인프라를 구축하라

　사람은 누구에게나 한 가지의 재주는 있다. 그러나 어떤 사람들은 자신은 재주가 없다고 자괴하기도 하는데, 절대로 재주가 없는 것이 아니다. 그런 사람들은 단지 자신이 가진 능력을 발견하지 못했을 뿐이다. 옛말에 사람들은 누구나 다 한 가지의 재주는 가지고 태어난다고 했다. 내 경험에 비추어 봐도 이 말은 절대로 틀린 말은 아니다. 많은 학생들을 가르쳐 본 결과, 누구든 어떤 것이든 남보다 좀 더 잘 할 수 있는 것이 있거나 또는 남보다 뛰어난 점을 한 가지씩은 가지고 있다. 그러므로 여러분은 주변에 있는 그 어떤 사람이라도 함부로 무시하거나 업신여기지 말아야 한다. 행여 그런 태도로 인해 별 상관없는 사람에게 나쁜 감정을 생기게 만드는 것은 모르는 사람으로 지내는 것보다 더욱 나쁜 결과를 가져온다.

　사회적으로 성공한 사람들의 주변에는 다방면에서 유능한 사람들이 많이 있다. 하지만 그런 사람들이 모든 면에서 다 우수한 것은 결코 아니다. 성공한 사람은 그런 사람을 곁에 두고 사람들마다 가지고 있는 특별한 재능을 적시에 잘 이용할 뿐이다. 그러므로 여러분은 자신에게는 재주가 없다고 실망하지 말고 성공한 사람들과 자신감을 가지고 교제를 하기 바란다. 또한 반대로 주변에 다양하고 많은 사람과의 인적 인프라를 구축하길 바란다. 아무리 자질이 없고 수준이 낮은 사람이라 할지라도 적이 되지 않으면 언제 어떻게 도움이 필요할지 모르기 때문이다. 여기에 덧붙여 그렇게 사람들의 재능을 발견하는 안목을 키우고, 적재적소에 이용하거나 도움을 받을 수 있도록 관계를 유지하는 능력도 길러야 한다. 특히 명심할 점은 성공은 사람에 의해 만들어지기 때문에 가급적 적을 많이 만들지 말라는 것이다. 남의 성공을 돕기는 어렵지만 성공을 방해하기는 쉽기 때문이다.

인적 인프라 구축의 기본은 좋은 친구나 동료를 많이 갖는 것이다. 좋은 친구는 내가 어려울 때 자신의 일처럼 도와줄 수 있는 친구이어야 한다. 그런데 그런 친구를 사귀는 데는 어느 정도의 의협심이 필요하다. 또 친구를 자기의 사람으로 만드는 데는 진솔한 마음도 있어야 한다. 그래서 역으로 친구가 어려울 때 나도 친구의 일을 나의 일처럼 도와줄 마음이 있어야 한다. 또한 친구에게는 나의 부끄러운 모습도 먼저 보여줄 수 있는 마음이 있어야 한다. 어떤 사람과 친구관계를 맺을 것인가는 매우 중요하지만, 그렇다고 유능하고 인품이 뛰어난 사람들하고만 친구관계를 맺을 수는 없다. 또한 비슷한 환경에서 성장한 사람이나 교육수준이 비슷한 사람들만으로 친구를 사귀는 것도 썩 좋은 것은 아니다. 도움의 측면에서 본다면 다양한 부류의 친구들을 갖는 것이 큰 힘이 되기 때문이다. 사람은 모두 완벽할 수 없기에 자신이 부족한 점을 채워 줄 수 있는 친구가 많은 것이 성공에 크게 도움이 된다.

사나운 말도 잘 길들이면 명마가 되고 품질이 나쁜 쇠붙이도 잘 다루면 훌륭한 그릇이 되듯이 사람도 마찬가지다. 타고난 천성이 좋지 않은 사람도 성심을 다해 열심히 도와주면 뛰어난 인물이 될 수 있다. 그런 사람이 성공할 수 있도록 도와주는 것도 성공하는 사람이 갖추어야 할 덕목이다. 또한 어떤 사람의 마음을 얻어 자신의 사람으로 만들기 위해서는 사람을 따뜻하게 대하는 태도를 습관화하는 것이 중요하다. 상대가 그런 대접을 받을 만한지 아닌지는 중요하지 않다. 이 세상에는 무시해도 좋을 사람이 단 한 사람도 없기 때문이다. 따뜻한 마음을 잃으면 자신의 인생이 외롭고 비참해지며 성공과 멀어진다고 생각해야 한다. 그런데 따뜻한 마음의 표현은 여러 가지로 나타낼 수 있지만, 자신의 마음을 전하는데 선물처럼 좋은 수단은 없다. 상대가 예기치 않은 선물은 자신의 존재감을 높여 상대방의 마음을 얻게 만든다. 그런 좋은 선물을 하기 위해서는 상대방의 취미나 취향 등을 잘 파악해야 한다. 상대의 마음을 얻을 수 있는 선물을 하기 위해서는 관심이 필요하다는 말이다. 그리고 그런 노력들을 통해 성공을 위한 다양한 인적 인프라가 구축된다는 사실을 명심하길 바란다.

Part 21 좋은 습관을 체화시켜라

내가 지난 40년간 비교적 건강하게, 그리고 큰 과오 없이 성공적으로 대학생활을 할 수 있었던 것은 나름대로 몸에 밴 몇 가지 규칙적인 좋은 습관 때문이라 생각한다. 즉, 나는 매일 아침마다 1시간씩 운동을 하였고 오늘 마무리해야 할 일들을 틈만 나면 정리하였으며 많은 일들은 메모를 하여 체계적으로 순서를 정해 처리하였다. 그리고 일주일 단위로 또는 한 달 단위로 계획을 세워 미리 준비하면서 스케줄 관리를 하였다. 이런 나의 규칙적인 습관은 때론 일상으로부터 일탈하고 싶은 유혹을 만들어 내기도 하였지만, 한번 몸에 배어 버린 습관은 좀처럼 바뀌지 않았다. 그렇다고 내가 평생 한 번의 일탈도 하지 않았다는 것은 아니다. 생각해 보면 나는 그 일탈마저도 계획을 세워 체계적으로 하였던 것 같다. 이렇게 습관이라는 것은 무서운 것이다. 따라서 사회적 성공을 바라는 사람은 성공을 부르는 습관을 몸에 배게 하는 것이 참으로 중요하다.

세 살 버릇이 여든까지 간다는 속담이 있다. 그만큼 한 번 몸에 밴 버릇은 고치기 어렵다는 말인데, 성공한 사람들은 대체로 성공할 수밖에 없는 좋은 습관을 가지고 있다. 특히 그런 사람들은 보통 사람들이 하기 싫어하는 일을 자발적으로 하는 습관을 가지고 있는 경우가 많다. 물론 성공한 사람들도 그런 일을 하고 싶지 않기는 마찬가지이다. 하지만 성공해야 한다는 목적의식을 가지고 하기 싫다는 심리를 극복해야 한다. 아니, 심지어 어떤 사람은 하기 싫은 일을 강한 의지력으로 하고 싶은 일로 만들어버린다. 그리고 그러한 행동을 반복함에 따라 남이 하기 싫어하는 일을 자발적이고 습관적으로 하게 되는 것이다. 그런데 그런 습관은 나무껍질에 새겨놓은 글자 같아서 시간이 가면 나무가 자라는 것처럼 점점 커져간다. 그래서 좋은 습관은 또 다른 좋은 습관으로 이어지고, 그러다 보면 자연스럽게 성공과 가까이 가게 되는 셈이다.

여러분은 의지력이야말로 인생을 성공으로 이끄는 가장 큰 힘이라는 사실을 명심하길 바란다. 기둥이 약하면 집이 흔들리는 것처럼 의지가 약하면 생활이 흔들릴 수밖에 없고 사회적으로 성공할 수도 없다. 따라서 스스로 생각하기에 나쁜 습관이라고 생각되는 것은 의지를 가지고 점차 고쳐나가야 한다. 나쁜 습관이란 어떤 계기로든 고치지 못하면 나쁜 행동을 계속 반복하는 악순환이 되풀이되기 때문이다. 하지만 보통 사람들은 잘못된 습관이나 실수에 대해 다른 사람으로부터 지적을 받으면 기분 나빠하며 쉽게 인정하려고 하지 않는다. 이는 매우 잘못된 태도이며 그런 편협한 태도로는 결코 성공할 수 없다. 오히려 그렇게 충고해 주는 것에 대해 고마워해야 한다. 여러분의 성공을 바라지 않는 사람은 그런 충고를 해주지 않기 때문이다. 따라서 그런 충고를 해주는 사람이 주변에 있다는 것을 인생의 행운으로 생각하는 것이 좋다.

정리하고 메모하고 계획하라

사회적으로 성공을 이룬 사람들은 하나같이 정리정돈을 잘하는 습관을 가지고 있다. 정리정돈을 잘하는 습관은 일이 많으면 많을수록 그 빛을 발하고, 일처리의 속도나 효율을 높인다. 어린 자녀를 유치원에 보내 본 사람은 다 알겠지만, 유치원에서도 글자를 배우기 전에 먼저 자신의 물건이나 장난감을 자신의 공간에 정리하는 것을 배운다. 그런데 어떤 사람은 정리하지 않고 살아가는 것을 인간적인 미덕인 것처럼 착각하고 살아간다. 그런 사람들은 정리하는 일 자체가 소모적인 일이며, 남에게 보여주기 위한 쇼라고 변명을 하기도 한다. 하지만 그런 사람일수록 입고 싶은 옷을 찾느라고 옷장을 뒤지다 약속 시간이나 출근 시간에 늦거나, 중요한 서류를 잃어 버려 일을 망치는 경우가 빈번하다. 이렇게 정리정돈을 하지 않고 살아가는 것은 게으름의 표현이며 자기관리를 하지 않고 살아간다는 것을 대변할 뿐이다. 따라서 이렇게 정리에 게으른 사람이 성공하기를 바라는 것은 우연의 행운을 바라는 것과 별반 다르지 않다.

만약 여러분이 매사에 성공하기를 바란다면 정리하는 것을 귀찮게 여기지 말아야 한다. 오히려 정리하는 것을 성공을 위한 필수조건이라 생각하고 습관으로 만들어야 한다. 그러니 여러분은 주변의 가까운 것부터 정리하는 습관을 기르길 바란다. 예를 들어 휴지통은 매일 정리하고 책상이나 명함도 매일같이 정리하는 것이 좋다. 또 신용카드 영수증이나 지출 영수증은 일주일에 한 번씩 정리하도록 하며, 한 달에 한 번은 옷장을 정리하는 습관을 들이도록 하라. 이렇게 정리하는 습관에 길들여지면 물건을 쉽게 잃어버리지도 않을 뿐만 아니라 낭비하지도 않고 지저분하게 살게 되지도 않는다. 그만큼 체계적으로 일을 처리할 수 있어 성공하는 인생에 가깝게 다가갈 수 있다.

내 경험에 비춰볼 때 사회적으로 어느 정도 위치에 오른 사람들은 하나같이 메모하는 습관을 가지고 있다. 그런 사람들의 수첩에는 스케줄을 비롯하여 항상 무언가가 빼곡히 기록되어 있다. 내 주변에도 그런 사람들이 많이 있는데, 회의를 할 때도 항상 메모를 하고 강의를 듣거나 책을 읽을 때도 메모하는 것을 잊지 않는다. 심지어 차를 타고 가다가 또 때로는 차 한 잔을 마시며 명상하다가도 무엇인가 떠오르는 것이 있으면 즉각 습관적으로 메모를 해둔다. 그리고 이렇게 메모를 해둔 것은 후에 꼭 필요할 때 긴요하게 사용된다. 그런데 어떤 사람들은 머리나 기억력이 좋기 때문에 따로 메모를 해두지 않아도 된다고 생각하는데, 이는 지극히 잘못된 생각이다.

어떤 사실을 오랫동안 기억하기 위해서는 17초 후에도 그것이 다시 기억나야만 되고 처음 보는 단어를 평생 기억하려면 64번 기억을 떠올려야 한다고 한다. 그러니 한 번 듣거나 본 것이 후에 필요할 때 기억날 것이라 생각하는 것은 잘못된 판단이다. 그래서 성공은 99% 노력과 1%의 영감으로 이루어진다는 말이 있다. 아무리 머리가 좋은 천재도 메모 잘하는 사람을 능가하지는 못하는 법이다.

메모는 성공을 위한 밑거름인 셈이다. 그러니 여러분도 메모하는 습관을 지니길 바란다. 그런 습관을 위해서는 항상 수첩과 펜을 가방이나 점퍼 주머니에 소지하고 다니는 것이 좋다. 그렇게 메모하는 습관이 들면 들수록 여러분은 실수를 줄이고 성공하는 사람이 될 수 있다.

정리를 하는 습관이나 메모를 하는 습관만큼 성공에 있어 중요한 것이 매사 계획을 세워 실천하는 습관이다. 보통 사람들은 계획을 세우면 주의가 집중되는데, 인간의 의식은 분명한 목적을 갖기 전에는 목표 의식을 향해 움직이지 않는다. 따라서 어떤 일이든 계획을 세우고 목표가 설정되면 이미 반쯤 성공했다고 해도 과언이 아니다. 그 순간 이미 계획과 목표를 성공하려는 보이지 않는 힘이 발휘되기 때문이다. 그러니 여러분은 장기적인 10년 계획이든, 단기적인 다음 주 계획이든, 아니면 내일 계획이든 계획을 세우고 움직이길 바란다. 확실한 목표를 세우고 목적이 이끄는 삶을 살아가라는 말이다. 설령 모든 것이 계획대로 이루어지지 않더라도 계획을 세우고 목표를 향해 최선의 힘으로 달려갔다면, 그 자체로 이미 여러분의 인생은 건강한 성공을 이룩한 것과 같다.

아끼고 절약하고 저축하라

　나는 어렸을 때부터 경제적으로 그리 넉넉하지 못한 가정에서 자랐기 때문에 어머니로부터 무엇이든 아끼고 절약하라는 말을 귀가 닳도록 듣고 자랐다. 하지만 어머니는 그렇다고 무작정 돈을 아끼는 수전노 같은 사람이 되는 것은 경계하라고 하셨다. 자신에 대해서는 아끼고 절약하되 남을 위해서는 가치 있게 쓸 줄 아는 사람이 되라는 말씀이셨다. 그래서 나는 지금도 음식을 남기는 것은 좀처럼 참지 못하지만, 다른 사람들과 식사를 하게 되면 가급적 내가 먼저 계산하려고 노력한다. 이처럼 아끼고 절약하는 것과 가치 있는 곳에 돈을 쓰는 것은 동전의 양면과 같은 이치이다. 즉, 두 가지 모두 하나의 동전 안에 있어야 하는 것이다.
　정년퇴임을 앞둔 나는 현재 노후 걱정 없이 지낼 정도는 되는데, 국립대 교수의 박봉으로 이 정도의 경제적 여유를 가질 수 있는 데는 어머니로부터 교육받은 절약의 습관이 크게 일조하였다. 그런데 내가 알고 있는 많은 재력가들도 모두 근검절약하는 습관을 가지고 있다. 천억이 넘는 재산을 형성했다면 그 방면에서는 성공한 사람이라고 해야 할 텐데, 그런 사람들이 소박한 점심 식사를 즐기고 가스비나 전기세 등을 절약하기 위해 수고를 아끼지 않는다. 이처럼 경제적인 성공을 거두기 위해서는 기본적으로 아끼고 절약하는 습관이 몸에 배어 있어야 한다.

하지만 경제적으로 성공을 거둔 모든 사람들이 돈을 전혀 쓰지 않는 것은 아니다. 사회적으로 건강한 성공을 이룬 사람들은 자신에게 쓰는 돈은 아끼지만 공익을 위해 사용하는 돈은 아끼지 않는다. 여기서 이름을 밝힐 수는 없지만 내가 알고 있는 재력가 한 분도 평소에는 5천원짜리 점심 식사를 즐겨하시는 검소한 생활을 하지만 장학재단과 같은 공익사업에는 수억 원이 넘는 돈을 아낌없이 기부한다. 평소 그 분은 돈 버는 자랑을 하지 말고 돈 쓰는 자랑을 해야 한다는 말을 자주 하신다. 건강한 성공이란 바로 이런 것을 두고 하는 말이다. 자신이 가지고 싶은 것은 사지 않고 꼭 필요한 것만 사는 것, 그래서 작은 지출이라도 아끼는 것이 건강한 성공이다. 또 그렇게 아끼고 절약해서 모은 돈을 남을 위해 가치 있게 사용하는 것이 건강한 성공이라고 생각한다.

대부분 그렇게 건강한 성공을 이룬 사람들은 적게 벌더라도 아껴 쓰고 장래를 위해 저축하는 습관도 가지고 있다. 아껴 쓰고 저축하는 것도 분명 습관이다. 습관이 들지 않으면 하루 이틀 만에 새롭게 각오한다고 해서 쉽게 저축하게 되는 것이 아니란 말이다. 며칠 반짝 절약하거나 또는 목돈을 두세 번 저축했다고 해서 절약과 저축을 했다고 하는 것은 어불성설이다. 일반적으로 저축을 잘 하는 사람들을 보면 하나같이 큰돈을 버는 사람들이 아니다. 단지 불필요한 부분에서 낭비를 하지 않고 허례허식을 즐기지 않으면서 모은 돈을 미래를 위해 저축할 뿐이다. 요즘 젊은 여자들이 명품가방을 장만하는데 큰돈을 쓰는 것이 사회적으로 논란이 되고 있지만 아직까지 우리 세상에는 아끼며 사는 사람들이 훨씬 더 많다. 여러분은 아껴서 살 때 작은 행복이 쌓이고 그렇게 쌓이는 행복을 즐기는 것이 진정으로 성공하는 인생임을 깨닫기를 바란다.

반대로 노력하지 않고 손쉽게 재물을 얻으려는 사람은 불행한 사람이다. 남의 것을 자신의 것으로 만들려고 하는 사람이나 땀한 방울 흘리지 않고 일확천금을 바라는 사람만큼 불행한 사람은 없다. 그런 사람들은 게임이나 도박, 또는 사기와 같은 방법으로 금전을 얻으려 하는데, 설령 그렇게 금전적 이득을 취했다 하더라도 그 이면에는 반드시 누군가의 슬픔이 있게 마련이다. 그렇게 다른 사람에게 상처를 주면서 재물을 형성하는 것은 성공이라고 할 수 없다. 그런데 그런 사람들이 진짜 불행한 이유는 게임, 도박, 사기 같은 행위가 강한 중독성을 가지고 있어 한 번 빠져들면 헤어나기 힘들다. 그래서 한번 돈을 쉽게 움켜쥐어 본 사람들은 힘들게 땀을 흘리며 일하려 하지 않는다. 쉽게 돈을 버는 방법을 알았기 때문이다. 하지만 모두가 잘 알다시피 쉽게 돈을 버는 것은 어쩌다 한번뿐이고 대부분은 실패로 끝나 궁극적으로는 인생 자체가 실패로 마감된다. 따라서 여러분은 처음부터 도박이나 요행을 바라는 복권 같은 것에 손대지 않기를 바란다.

게으름피지 말고 노력하라

성공을 바라는 사람은 결코 게을러서는 안 된다. 성공을 원하는 사람은 남보다 앞서 나가고 남보다 뛰어나기 위해 부단한 노력을 기울여야 하기 때문이다. 일반적으로 다양한 지식과 경험을 쌓아 성공에 이르기까지는 크고 작은 어려움이 반드시 따르기 마련이다. 그런데 많은 사람들이 힘들고 어려운 일을 만나면 귀찮아하다가 끝내 체념하고 포기해 버린다. 학생들 중에도 게으른 사람은 깊게 공부하지 못하고 수박 겉핥기식으로 훑어보고 얻은 지식에 만족하고 만다. 이렇게 조금 더 공부하지 않고 만족해 버리는 학생은 성적이 좋을 수 없듯이 조금 더 노력하지 않고 포기해 버리는 사람은 사회에서 성공하기 어렵다. 이런 사람들은 어떤 일에 맞부닥치더라도 쉽게 체념해 버리기 일쑤이다. 막상 부딪혀 보면 실제로 그렇게 불가능할 만큼 어려운 일이 아닌 데도 부딪히기 싫다는 게으름으로 인해 성공과 멀어지게 된다.

게으른 사람은 어떤 일에 집중하는 것 자체가 귀찮기 때문에 단 한 시간도 집중하지 못한다. 그러나 모든 일들이 그렇듯이 집중하지 않고 성공할 수 있는 일은 거의 없다. 하지만 게으른 사람은 어떤 일을 할 때 깊이 생각하기보다는 쉽게 받아들여 처리하기 때문에 실패하기 십상이다. 따라서 성공을 원한다면 일을 끈기 있게 마무리하는 자세를 몸에 익혀야 한다. 처음에는 어렵고 귀찮더라도 바로 포기하거나 좌절해서는 안 된다. 어렵고 귀찮을수록 강한 의지를 가지고 더욱 노력하는 자세를 견지하는 것이 중요하다.

만약 처리해야 될 일이 있고 그것을 어떻게 해야 하는지 알고 있으면서도 하지 않는 것은 게으른 것이다. 그러나 사회에서 성공한 모든 사람들은 일에 있어서는 결코 게으름을 피우지 않는다.

성공을 이룩하고 많은 사람들로부터 존경을 받는 사람은 게으름 피지 않고 그만한 노력을 한 결과로 얻어지는 성공이다. 이 말은 역으로 누구나 게으름피우지 않고 최선의 노력을 다하면 성공을 이룩하고 사람들로부터 존경을 받을 수 있음을 의미한다. 그러니 여러분은 꾸준히 공부하고 자신의 능력을 개발하여 성공에 이르길 바란다.

현대 사회는 빠르게 돌아가기 때문에 일처리에 있어서도 신속함을 요구한다. 따라서 이런 사회에서 성공하기 위해서는 어떤 일에 있어서도 결코 '할 수 없다'는 말은 쉽게 하지 말아야 한다. 그런 말은 어리석고 게으른 사람들이나 하는 말이다. 그 일을 지시하거나 부탁한 사람들은 그런 말을 변명으로 여긴다. 정신적으로나 육체적으로나 할 수 없는 일은 없기 때문이다. 사람들에게 '할 수 없다'는 말은 단지 '나는 게으르다'라는 말과 마찬가지로 들릴 뿐이다. 그러니 '못 하겠다' 또는 '할 수 없다' 같은 말은 절대 하지 않는 것이 현명한 태도이다.

우리가 살아가면서 부딪히게 되는 이 세상 모든 일들은 그리 호락호락하지 않다. 최선을 다해 노력했는데도 해결하지 못하는 일들이 너무도 많으며, 모든 일들을 척척 잘 해결하는 사람도 흔치 않다. 중요한 것은 도전이고 노력이다.

세상은 능력이 부족한 사람에게는 도움의 손길이라도 주지만 의지가 없는 사람에게는 동정의 눈길마저도 주지 않는다는 사실을 명심하길 바란다.

세상의 모든 일은 쉬운 것이 없으며 오랜 노력 끝에야 성공을 얻을 수 있다. 그런데 오랜 시간 피땀으로 이뤄낸 성과물도 자칫 게으름을 피우다 보면 어느새 원래 상태로 돌아갈 수 있다. 예를 들어 체중 감량이 대표적인 그런 경우인데, 체중 감량 후 운동을 하지 않으면 다시 살이 찌거나 더 많은 살이 붙는 요요 현상이 나타난다. 그런데 이런 요요 현상이 체중감량에만 존재하는 것이 아니다. 즉, 성공을 이룩한 많은 일들이 계속해 오던 노력을 잠시 멈추면 어려웠던 과거로 돌아갈 수 있다. 힘들게 담배를 끊었는데 자칫 술 한 잔 때문에 다시 담배를 피우게 되고 금연으로 건강해진 몸으로 인해 더 많은 담배를 피우는 경우도 주변에서 흔히 볼 수 있다. 이렇게 공들여 달성한 성과물이 자신도 모르게 사라져 버리는 우를 범해서는 안 된다. 힘들게 얻은 좋은 습관도 반복하는 노력을 하지 않으면 원래의 나쁜 버릇으로 돌아간다.

따라서 일신우일신(日新又日新)해야 한다. 날마다 나를 새롭게 하여 나쁜 습관의 과거로 회귀하는 일은 없어야 한다. 나는 여러분이 일신우일신하여 꼭 이 사회에서 건강한 성공을 이룩하는 사람이 되길 진심으로 바란다.

건강한 삶이
성공한 인생이다

초판 1쇄 인쇄일 | 2010년 2월 1일
초판 1쇄 발행일 | 2010년 2월 10일

지은이 | 박구부
발행인 | 유창언
발행처 | **이코노믹북스**
출판등록 | 1994년 6월 9일
등록번호 | 제10-991호

주소 | 서울시 마포구 서교동 377-13 성은빌딩 301호
전화 | 335-7353~4
팩스 | 325-4305
e-mail | pub95@hanmail.net / pub95@naver.com

ISBN 978-89-5775-135-0 03320

값 12,000원